TÉCNICAS DE
REDAÇÃO
E DE
PESQUISA
CIENTÍFICA

Dados Internacionais de Catalogação na Publicação (CIP)
(Câmara Brasileira do Livro, SP, Brasil)

Oliveira, Jorge Leite de
   Técnicas de redação e de pesquisa científica / Jorge Leite de Oliveira. – Petrópolis, RJ : Vozes, 2024.

   Bibliografia.

   ISBN 978-85-326-6662-8

   1. Pesquisa – Metodologia 2. Pesquisa científica 3. Redação I. Título.

23-178107   CDD-808.0469

Índices para catálogo sistemático:
1. Redação : Português 808.0469

Eliane de Freitas Leite - Bibliotecária - CRB 8/8415

JORGE LEITE DE OLIVEIRA

TÉCNICAS DE
REDAÇÃO
E DE
PESQUISA
CIENTÍFICA

CONFORME NORMAS ATUAIS DA **ABNT**

INTRODUÇÃO
RESUMO
RESENHA E RECENSÃO
SUMÁRIO
NUMERAÇÃO DAS SEÇÕES DE UM DOCUMENTO
RELATÓRIO
CITAÇÕES EM DOCUMENTOS
REFERÊNCIAS
TEXTOS ACADÊMICOS

EDITORA VOZES

Petrópolis

© 2024, Editora Vozes Ltda.
Rua Frei Luís, 100
25689-900 Petrópolis, RJ
www.vozes.com.br
Brasil

Todos os direitos reservados. Nenhuma parte desta obra poderá ser reproduzida ou transmitida por qualquer forma e/ou quaisquer meios (eletrônico ou mecânico, incluindo fotocópia e gravação) ou arquivada em qualquer sistema ou banco de dados sem permissão escrita da editora.

CONSELHO EDITORIAL	PRODUÇÃO EDITORIAL
Diretor	Aline L.R. de Barros
Volney J. Berkenbrock	Marcelo Telles
	Mirela de Oliveira
Editores	Otaviano M. Cunha
Aline dos Santos Carneiro	Rafael de Oliveira
Edrian Josué Pasini	Samuel Rezende
Marilac Loraine Oleniki	Vanessa Luz
Welder Lancieri Marchini	Verônica M. Guedes
Conselheiros	**Conselho de projetos editoriais**
Elói Dionísio Piva	Isabelle Theodora R.S. Martins
Francisco Morás	Luísa Ramos M. Lorenzi
Gilberto Gonçalves Garcia	Natália França
Ludovico Garmus	Priscilla A.F. Alves
Teobaldo Heidemann	
Secretário executivo	
Leonardo A.R.T. dos Santos	

Editoração: Cecília Toledo
Diagramação: Sheilandre Desenv. Gráfico
Revisão gráfica: Michele Guedes Schmid
Capa: Érico Lebedenco

ISBN 978-85-326-6662-8

Este livro tem como base e atualiza outra obra do mesmo autor, *Texto Acadêmico – Técnicas de redação e de pesquisa científica*, que teve 10 edições e 2 reimpressões.

Este livro foi composto e impresso pela Editora Vozes Ltda.

SUMÁRIO

1 INTRODUÇÃO 11

2 RESUMO 13

   2.1 Síntese 13

2.1.1 Proposta de síntese por etapas..13

      2.2 Resumo técnico 23

         2.2.1 Definições e tipos 23

            2.2.1.1 Resumo informativo 25

            2.2.1.2 Resumo indicativo 27

         2.2.2 Palavras-chave dos resumos.......................27

         2.2.3 Objetivos..28

         2.2.4 Pecados capitais..28

         2.2.5 Extensões...29

3 RESENHA E RECENSÃO..31

   3.1 Características 31

   3.2 Estrutura 31

   3.3 Modelo de resenha 33

4 SUMÁRIO 37
   4.1 Posição do sumário na monografia ou no livro 37
   4.2 Posição do sumário em periódicos....................................38
   4.3 Estrutura do sumário 38
   4.4 Modelo simplificado de sumário com apêndices, anexos e índice 39
      4.4.1 Índice(s)..41

5 NUMERAÇÃO DAS SEÇÕES DE UM DOCUMENTO.......43
   5.1 Seção 43
      5.1.1 Características...43
   5.2 Alínea 44
   5.3 Subalínea 45
   5.4 Indicativos das seções 45

6 RELATÓRIO 47
   6.1 Conceito 47
   6.2 Estrutura 47
      6.2.1 Capa..49
      6.2.2 Folha de rosto 49
      6.2.3 Seções...51
      6.2.4 Sumário..52
      6.2.5 Introdução 52
      6.2.6 Desenvolvimento..52
      6.2.7 Conclusões..52
      6.2.8 Recomendações 52
      6.2.9 Fecho 53
      6.2.10 Lugar, data e assinatura 53

  6.2.11 Referências 53

  6.2.12 Anexos 53

  6.2.13 Modelo simplificado de relatório informal..............53

7 CITAÇÕES EM DOCUMENTOS...57

  7.1 Conceitos básicos...57

  7.2 Lugar das citações 58

  7.3 Sistemas de numeração 58

  7.4 Sistema numérico 59

  7.5 Sistema autor-data 61

  7.6 Normas gerais...63

  7.7 Notas 69

  7.8 Notas de referência...70

  7.9 Notas explicativas 72

8 REFERÊNCIAS..73

  8.1 Conceito 73

  8.2 Elementos essenciais (monografia, livro, folheto etc.) 73

  8.3 Elementos complementares (monografia, livro, folheto etc.) 76

  8.4 Indicação do responsável 77

  8.5 Acréscimos após o título 77

  8.6 Localização 79

  8.7 Referências de livros..79

  8.8 Referências de parte de uma obra 82

  8.9 Publicação periódica (revistas e jornais).........................84

  8.10 Coleção (periódico considerado no todo) 84

8.11 Partes de revista ou fascículos (periódicos considerados em parte)..84

8.12 Referências a artigos de periódicos impressos...............85

    8.12.1. Artigo de revistas..85

    8.12.2. Artigo de jornais..86

8.13 Referências em meio eletrônico..87

    8.13.1 Vídeos ou DVD (elementos essenciais).................87

    8.13.2 CD-ROM..88

    8.13.3 CD (inclusive disco, cassete etc.)..........................88

    8.13.4 Consultas online...89

    8.13.5 E-mail...89

    8.13.6 Artigos de revista, boletim etc. publicados em meio eletrônico...90

    8.13.7 Lista de discussão..91

8.14 Ferramentas úteis na elaboração de citações e referências 91

9 TEXTOS ACADÊMICOS..93

9.1 Monografia..93

    9.1.1 Informações gerais...93

    9.1.2 Disposição dos elementos.......................................98

    9.1.3 Elementos pré-textuais obrigatórios.......................98

        9.1.3.1 Capa (elemento externo).................................98

        9.1.3.2 Folha de rosto..101

        9.1.3.4 Folha de aprovação...103

        9.1.3.5 Resumo..105

    9.1.4 Elementos pré-textuais opcionais...........................105

    9.1.5 Elementos textuais..105

9.1.6 Elemento pós-textual obrigatório 107

9.1.7 Elementos pós-textuais opcionais 107

    9.1.7.1 Anexo(s) 107

    9.1.7.2 Apêndice(s) 108

    9.1.7.3 Glossário 109

    9.1.7.4 Índice 109

9.2 Artigo 109

    9.2.1 Estrutura geral 110

    9.2.2 Elementos pré-textuais 112

    9.2.3 Elementos textuais 113

    9.2.4 Elementos pós-textuais 114

    9.2.5 Ferramenta eletrônica útil para elaborar artigos científicos 115

9.3 Ensaio 115

    9.3.1 O que é ensaio 115

    9.3.2 Tipos mais comuns de ensaio 116

    9.3.3 Estrutura simplificada de ensaio 116

9.4 Projeto de pesquisa 119

    9.4.1 Elementos pré-textuais 120

    9.4.2 Elementos textuais 120

    9.4.3 Elementos pós-textuais 122

        9.4.3.1 Referências 122

        9.4.3.2 Glossário 122

        9.4.3.3 Anexo(s) 122

        9.4.3.4 Apêndice(s) 123

        9.4.3.5 Índice 123

        9.4.3.6 Regras gerais 123

9.4.3.7 Notas de rodapé 124

9.4.3.8 Indicativos de seção 124

    9.4.3.8.1 Títulos sem indicativo numérico 125

    9.4.3.8.2 Paginação 125

    9.4.3.8.3 Numeração progressiva 126

    9.4.3.8.4 Citações 126

    9.4.3.8.5 Siglas 126

    9.4.3.8.6 Equações e fórmulas 126

    9.4.3.8.7 Ilustrações 126

    9.4.3.8.8 Tabelas 127

    9.4.3.8.9 Referências 127

9.5 Ferramenta eletrônica útil na elaboração de pesquisas 127

REFERÊNCIAS 129

1 INTRODUÇÃO

Grande parte dos profissionais da escrita, bons escritores, ficam quase totalmente dependentes dos técnicos e revisores por sentirem dificuldade em fazer uma citação ou referência de texto pesquisado conforme os padrões oficiais exigidos. Assim sendo, não somente o aluno novato, que pouco ou nada conhece de pesquisa, necessita de saber elaborar um trabalho adequado às normas técnicas. Há escritores leigos que desconhecem a existência de um órgão oficial que regula os procedimentos padrões para pesquisa e redação de um texto científico ou acadêmico.

Em vista do exposto, embora não esgotando todos os casos previstos nas normas oficiais da Associação Brasileira de Normas Técnicas, propomos aos acadêmicos e pesquisadores em geral a adoção deste manual, que se destina a orientar desde o aluno calouro, que dá seus primeiros passos na aquisição segura de conhecimentos, até os doutores, em seus trabalhos de produção textual. Precisamos também ter plena consciência sobre os direitos autorais regulados pela Lei Federal n.º 9.610/98, para que não sejamos acusados de plagiadores e, consequentemente, percamos excelentes oportunidades de trabalho e de reconhecimento público.

Mesmo a paráfrase de texto que não nos pertence precisa ser precedida ou sucedida da fonte (isso vale também para textos de nossa autoria já publicados); ou seja, do nome do autor, da obra em que foi lido o texto e dos demais dados básicos de citação e referência. Caso não se proceda com absoluta honestidade, a obra que viola direitos alheios não somente pode ser impedida de ser comercializada, como seu autor pode responder a processo. No caso do discente, essa falha implicará sua reprovação, sem prejuízo de outras sanções.

Pode haver situações incomuns em que os dados de referência necessitem de consulta à NBR da ABNT que regula o caso. Todavia, o propósito deste manual é a abordagem da maioria dos assuntos regulados nas seguintes normas: NBR 6022:2018; NBR 6023:2020; NBR 6024:2012; NBR 6027:2013; NBR 6028:2021; NBR 10520:2023; NBR 10719:2015; NBR 14724:2011; NBR 15287:2011.

2 RESUMO

Distinguimos aqui síntese de resumo técnico, cujas normas são definidas pela Associação Brasileira de Normas Técnicas – ABNT na NBR 6028:2021.

Inicialmente, trataremos da síntese.

2.1 Síntese

Para melhor compreensão das normas técnicas referentes ao resumo, recomendamos antes o entendimento sobre a elaboração da síntese. Sintetizar, nos conceitos dos bons dicionaristas, equivale, entre outras coisas, a condensar, encurtar, reduzir, resumir, sumariar.

A síntese de um texto se baseia no levantamento e na exposição, geralmente em bloco único, das suas ideias principais.

2.1.1 Proposta de síntese por etapas

a) ler rapidamente todo o texto em busca da resposta à pergunta: "de que trata o texto?" A resposta será o tema do texto;

b) reler o texto e sublinhar a lápis suas ideias mais importantes;

c) anotar o significado contextual das palavras desconhecidas, após consulta ao dicionário;

d) elaborar síntese esquemática contendo:

- tema: resposta à pergunta feita quando procedida a primeira leitura do texto;

- ideias básicas: anote-as junto com as informações secundárias relevantes sublinhadas no texto;

- conclusão.

e) sintetizar, com suas palavras, as ideias do esquema;

f) reler, revisar e passar a limpo a síntese.

Para exemplificar, elaboramos, por etapa, a síntese de uma crônica.

De acordo com o *Dicionário Houaiss da Língua Portuguesa*, entre outras coisas, a crônica, originalmente relato de fatos históricos verídicos, a partir do século XIX, renomados escritores "passaram a cultivá-la, refletindo, com argúcia e oportunismo, a vida social, a política, os costumes, o cotidiano etc. do seu tempo em livros, jornais e folhetins", mas, atualmente, *e-books*, *blogs* e *sites* também são utilizados para publicação de crônicas sobre os mais diversos assuntos.

Segundo Machado de Assis, "Há um meio certo de começar a crônica por uma trivialidade. É dizer: Que calor! Que desenfreado calor! [...] Resvala-se do calor aos fenômenos atmosféricos, fazem-se algumas conjeturas acerca do sol e da lua, outras sobre a febre amarela, manda-se um suspiro a Petrópolis, e *la glace est rompue*; está começada a crônica" (Assis, 1994, p. 13).

Como também informa Costa (2008, p. 70/71) o estilo da crônica é o de "[...] um texto curto, breve, simples, de interlocução direta com o leitor, com marcas bem típicas da oralidade". Exemplo:

Em dia com o Machado 592: Uma grande mulher... (Irmão Jó)

Alma amiga, jamais consegui entender o que faz as pessoas considerarem as mulheres inferiores aos homens. Para mim, essa é uma mera questão de sexo, que nada tem a ver com a competência de ninguém.

Conheci mulher extraordinária. *Nascida em Tombos, Minas Gerais, Cely foi a mais velha de sete filhos do casal mineiro que os gerou. E também a mais bonita. Muito simples e modesta, costumava brincar com seus também sete filhos sobre a fala de um seu primo que considerava abobalhado:* — A Cely, com 17 anos, teve 17 namorados.

Também pudera! Louríssima, olhos azuis, baixinha, mas bem provida de corpo, não havia rapaz em Tombos que não se apaixonasse por ela, quando a via. Entretanto, ao conhecer Sebastião, jovem ainda, mas 13 anos mais velho do que ela, trabalhador da roça, alto à época nos seus 1,80m, não teve dúvida. — É com esse que eu me vou casar...

Anos mais tarde, ela diria para um dos seus filhos mais velhos: — Se fosse preciso, eu moraria com seu pai até debaixo da ponte.

Sebastião ficou um tempo nos trabalhos do campo, mas com a família aumentando, resolveu tentar a vida noutros lugares. Primeiro, foi ao Rio de Janeiro, onde nasceu o terceiro filho. Menos de dois anos depois, voltou a Minas Gerais. Ali tiveram o quarto filho. Um ano mais tarde, tentou a vida no Espírito Santo, onde trabalhou para um tio, que tinha um sítio lá. Depois, resolveu voltar definitivamente para o Rio de Janeiro, onde ajudou a construir alguns arranha-céus, *como costumava dizer. Mas o serviço de pintor e ajudante de pedreiro tornou-se escasso na antiga capital do Brasil, e o casal, agora com sete filhos, pois ali nasceram gêmeos, começou a ter problemas financeiros e de moradia. Sebastião vivia de* biscates, *o serviço não aparecia, até que um primo, dono de loja de material elétrico, contratou-o para o serviço de vigia noturno da loja.*

Esse foi o último emprego do esposo de Cely. Como ele já não gozava boa saúde, por sofrer de asma, o trabalho noturno agravou o estado de seu corpo e, após contrair uma pneumonia grave, Sebastião faleceu aos 53 anos, com a aparência de 70, exausto de trabalhos insalubres.

Os gêmeos estavam com três anos. A filha mais velha, com 16 anos de idade, ajudava a mãe a cuidar da casa e dos irmãos. Samuel, o primo generoso, contratou para trabalhar em sua loja o filho mais velho de Cely, que só tinha 13 anos, assim como cada um dos filhos dela ao completarem essa idade.

Aquela linda mulher, viúva aos 40 anos, jamais deixou que ninguém tirasse qualquer dos seus sete filhos sob sua saia. Trabalhava como costureira, embora as encomendas fossem raras, no lugar pobre onde residia, ao pé da pedra da Igreja da Penha; carregava água na bica abaixo do morro onde residiu por mais cerca de dez anos... Um sobrinho do esposo e outros homens bons, como o sogro do Samuel, construíram no local casinha de tijolos resistente para abrigá-la com os órfãos e a cunhada.

O marido falecido deixou como pensão um salário mínimo, com o qual Cely mantinha a alimentação e vestuário dos filhos, acrescido dos trabalhos que realizava e da ajuda do salário do filho mais velho, que começou a trabalhar com 13 anos de idade, assim como os demais filhos. Nesse tempo, manteve-se sempre fiel a Deus.

A essa mulher, que foi minha inesquecível mãe, rendo novamente meu tributo, meu grande amor e gratidão. Sei que ela, por certo, em espírito, deve estar ao meu lado, sorrindo e dizendo:

— Jorginho, meu filho, vá dormir. Amanhã você precisa acordar cedo para trabalhar!

E eu, como um dos sete filhos que muito a ama, lhe responderei:
— *Obrigado, mamãe. Hoje, novamente, dormirei feliz, sob o zelo materno de jovem viúva que passou muitas noites em claro imaginando o que daria para comer a sete filhos. Hoje, você sabe que Deus jamais deixa de nos amar e amparar, pois como disse Jesus:*

> Vejam os lírios dos campos. Eles não trabalham nem tecem, mas nem Salomão, em todo o seu esplendor, vestiu-se como um deles. Se Deus veste assim a erva do campo que hoje existe e amanhã é lançada ao fogo, quanto mais vestirá cada um de vocês, homens de pequena fé! (Lucas 12:27,28).

Sua bênção, mamãe!

IRMÃO JÓ. *Em dia com o Machado 592*: uma grande mulher. Brasília, DF, 11 set. 2023. Disponível em: www.jojorgeleite.blogspot.com. Acesso em 02 out. 2023. Adaptada.

Síntese do texto

IRMÃO JÓ. *Em dia com o Machado 592:* uma grande mulher. Disponível em: www.jojorgeleite.blogspot.com. Brasília, DF, 11 set. 2023. Acesso em 02 out. 2023. Adaptada.

1.ª etapa: leia todo o texto, sem pausas, objetivando ter uma noção geral de todo o seu conteúdo. À medida que for lendo, procure responder à seguinte pergunta: *de que trata este texto?* Anote a resposta à questão formulada: sobre *uma grande mulher.*

2.ª etapa: releia o texto e sublinhe suas ideias principais e seus detalhes mais importantes.

Exemplos

a) "Jamais consegui entender o que faz as pessoas considerarem as mulheres inferiores aos homens. Para mim, essa é uma mera questão de sexo, que nada tem com a competência de ninguém.";

b) "Conheci mulher extraordinária. Nascida em Tombos, Minas Gerais, Cely foi a mais velha de sete filhos do casal mineiro que os gerou. E também a mais bonita.";

c) "Ao conhecer Sebastião, jovem ainda, mas 13 anos mais velho do que ela, trabalhador da roça, alto à época nos seus 1,80m, não teve dúvida. "— É com esse que eu me vou casar...";

d) "Após contrair uma pneumonia grave, Sebastião faleceu.";

e) "Aquela linda mulher, viúva aos 40 anos, jamais deixou que ninguém tirasse qualquer dos seus sete filhos sob sua saia. Trabalhava como costureira, embora as encomendas fossem raras, no lugar pobre onde residia... Um sobrinho do esposo e outros homens bons, como o sogro do Samuel, construíram no local casinha de tijolos resistente para abrigá-la com os órfãos e a cunhada.";

f) "O marido falecido deixou como pensão um salário mínimo, com o qual Cely mantinha a alimentação e vestuário dos filhos, acrescido dos trabalhos que realizava e da ajuda do salário do filho mais velho, que começou a trabalhar com 13 anos de idade, assim como os demais filhos.";

g) "A essa mulher, que foi minha inesquecível mãe, rendo novamente meu tributo, meu grande amor e gratidão."

3.ª etapa: procure o significado contextual de algumas palavras. No texto exemplificado, destacadas em itálico as seguintes: (i) mera: simples, pura; (ii) provida: preenchida; (iii) arranha-céus: prédios, edifícios muito altos, com muitos andares; (iv) tributo: figuradamente, é a homenagem a alguém.

4.ª etapa: esquematize a síntese com base no tema sugerido – ex: uma grande mulher – e na sublinha das ideias básicas.

Exemplos

a) "Jamais consegui entender o que faz as pessoas considerarem as mulheres inferiores aos homens. Para mim, essa é uma *mera* questão de sexo, que nada tem com a competência de ninguém.";

b) "Conheci mulher extraordinária. Nascida em Tombos, Minas Gerais, foi a mais velha de sete filhos do casal mineiro que os gerou. E também a mais bonita. Ao conhecer Sebastião, jovem ainda, mas 13 anos mais velho do que ela, trabalhador da roça, alto à época nos seus 1,80m, não teve dúvida. — *É com esse que eu me vou casar...*";

c) "Viúva aos 40 anos, jamais deixou que ninguém tirasse qualquer dos seus sete filhos sob sua saia. Trabalhava como costureira, embora as encomendas fossem raras, no lugar pobre onde residia.";

d) "Um sobrinho do esposo e outros homens bons, como o sogro do Samuel, construíram no local casinha de tijolos resistente para abrigá-la com os órfãos.";

e) "O marido falecido deixou como pensão um salário mínimo, com o qual Cely mantinha a alimentação e vestuário dos filhos, acrescido dos trabalhos que realizava e da ajuda do salário do filho mais velho, que começou a trabalhar com 13 anos de idade, assim como os demais filhos.";

f) Conclusão: Expressa seu amor e gratidão a essa mulher, que foi sua "inesquecível mãe" e conclui com o pedido de bênção ao espírito materno.

5.ª etapa: sintetize, com suas palavras, em parágrafo único, as ideias do esquema. Utilize, nesse trabalho, as seguintes regras: use um verbo na terceira pessoa para introduzir o tema. Ex: argumenta, esclarece, expõe, informa, relata, etc. Não use expressões, na introdução, como: "O autor relata...", "O texto informa..." e outras semelhantes, conforme será explicado mais adiante, quando tratarmos do resumo; exclua da síntese as ideias repetidas ou irrelevantes do texto original; generalize: construa com suas próprias palavras as informações selecionadas no texto. Nessa fase, proceda à substituição de expressões mais extensas por outras breves.

Exemplos

1a) Frase original: "Para mim, essa é uma *mera* questão de sexo, que nada tem com a competência de ninguém."

1b) Frase reescrita: Para ele, essa é *mera* questão de sexo, e não de competência de alguém.

2a) Frase original: "Conheci mulher extraordinária. Nascida em Tombos, Minas Gerais, foi a mais velha de sete filhos do casal mineiro que os gerou. E também a mais bonita."

2b) Frase reescrita: Conheceu linda mulher mineira, primogênita dentre sete irmãos.

3a) Frase original: "Aquela linda mulher, viúva aos 40 anos, jamais deixou que ninguém tirasse qualquer dos seus sete filhos sob sua saia".

3b) Frase reescrita: Viúva aos 40 anos, manteve consigo seus sete filhos.

4a) Frase original: "Um sobrinho do esposo e outros homens bons, como o sogro do Samuel, construíram no local casinha de tijolos resistente para abrigá-la com os órfãos."

4b) Frase reescrita: Familiares e amigos ergueram, no local, casinha de tijolos para ela e os filhos.

5a) Frase original: "O marido falecido deixou como pensão um salário mínimo, com o qual Cely mantinha a alimentação e vestuário dos filhos, acrescido dos trabalhos que realizava e da ajuda do salário do filho mais velho, que começou a trabalhar com 13 anos de idade, assim como os demais filhos."

5b) Frase reescrita: Cely mantinha a alimentação e vestuário dos filhos com o salário mínimo deixado como pensão pelo falecido marido, bem como com os trabalhos que ela mesma realizava e com ajuda do salário do filho mais velho.

6) Conclusão: Expressa seu amor e gratidão a essa mulher, que foi sua "inesquecível mãe". Conclui com o pedido de bênção ao espírito materno.

Exemplo de síntese

IRMÃO JÓ. *Em dia com o Machado 592:* uma grande mulher. Disponível em: www.jojorgeleite.blogspot.com. Brasília, DF, 11 set. 2023. Acesso em 02 out. 2023. Adaptada.

Informa que jamais conseguiu entender o que faz as pessoas considerarem as mulheres inferiores aos homens. Para o autor, essa é simples questão de sexo, e não de competência de alguém. Conheceu linda mulher mineira, primogênita dentre sete irmãos. Viúva aos 40 anos, ela manteve consigo seus sete filhos. Recebeu, como ajuda do Governo pelo esposo falecido, a pensão de um salário mínimo. Com isso, somado ao que ela recebia dos trabalhos de costura realizados e à ajuda do salário do filho mais velho, de 13 anos de idade, Cely alimentava e vestia seus filhos que, ao completarem essa idade, passavam a trabalhar e ajudar no sustento da casa. Familiares e amigos ergueram, no local, casinha de tijolos para ela e os filhos. Expressa seu amor e gratidão a essa mulher que foi sua "inesquecível mãe" e conclui com o pedido de bênção ao espírito materno.

6.ª etapa: releia, revise, modifique o que for necessário, e passe a limpo sua síntese.

Exemplo de síntese final

IRMÃO JÓ. *Em dia com o Machado 592:* uma grande mulher. Disponível em: www.jojorgeleite.blogspot.com. Brasília, DF, 11 set. 2023. Acesso em 02 out. 2023. Adaptada.

Informa que jamais conseguiu entender o que faz as pessoas considerarem as mulheres inferiores aos homens. Para o autor, essa é uma simples questão de sexo, e não de competência de alguém. Conheceu linda mulher mineira, *Cely*, primogênita dentre sete irmãos. Viúva aos 40 anos, ela manteve consigo seus sete filhos. Recebeu, como ajuda do Governo pelo esposo falecido, a pensão de um salário mínimo. Com isso, somado ao que ela recebia dos trabalhos de costura realizados e à ajuda do salário do filho mais velho, de 13 anos de idade, Cely alimentava e vestia seus filhos que, ao completarem essa idade, passavam a trabalhar e ajudar no sustento da casa. Familiares e amigos ergueram, *no lugar do que era antes precário barraco de madeiras*, casinha de tijolos para ela, para a cunhada e para os filhos. Expressa, por fim, seu amor e gratidão *àquela* mulher que foi sua "inesquecível mãe". Conclui com o pedido de bênção ao espírito materno.

Se você seguir os passos acima, será capaz de sintetizar com eficiência qualquer texto pequeno (uma ou duas páginas), em cerca de 20% do tamanho do original, o que lhe será de imensa utilidade em seus estudos acadêmicos e outras atividades profissionais.

2.2 Resumo técnico

Atualmente, somos alertados pela Associação Brasileira de Normas Técnicas (ABNT) que nenhum documento técnico dessa associação, bem como as "Normas Internacionais" (ISSO e IEC) substituem "leis, decretos ou regulamentos", que devem ser atendidos prioritariamente "sobre qualquer Documento Técnico ABNT." Desse modo, a adoção dessas normas internacionais e documentos técnicos são voluntários e sem "requisitos contratuais, legais ou estatutários."

A NBR 6028:2021 elabora novos parâmetros de redação e apresentação de resumos, resenhas e recensões especificados a seguir.

2.2.1 Definições e tipos

O resumo é a concisa, ou seja, breve apresentação dos pontos relevantes de uma obra. Permite uma visão rápida e clara do conteúdo e das conclusões do texto em um só parágrafo. Destacamos, para efeito didático, o seguinte:

Apresentação concisa: a capacidade de síntese é uma das qualidades requeridas ao candidato a redator/escritor. A concisão é justamente a capacidade de expor, verbalmente ou por escrito, o conteúdo do texto em poucas palavras. Ser conciso é ser breve. É dizer ou registrar em uma palavra o que não precisa de duas ou mais. É evitar adjetivação excessiva e a repetição de ideias. É, ainda, a capacidade de sintetizar, em uma palavra, vocábulos ou termos repetidos na frase.

Pontos relevantes: todo texto bem escrito possui ideias principais e secundárias. O resumo deve destacar a ideia central do autor e, dependendo do tipo de resumo, ideias secundárias, que são desdobramentos da principal. Na elaboração do resumo, não se deve ater a detalhes, minúcias que não acrescentam novidades ao que é principal.

Visão rápida: em poucas palavras, deve-se apresentar os pontos principais do texto. A objetividade é um requisito do resumo, pois, por meio de sua leitura, o pesquisador terá uma visão geral sobre o assunto, recorrendo ou não à leitura completa do texto.

Visão clara: ser claro é tornar-se inteligível. É permitir que o texto seja entendido com facilidade, sem exigir esforço de interpretação. O leitor não pode perguntar, ao concluir a leitura de um resumo: o que será que ele quis dizer? A clareza do assunto é exigência para um resumo bem redigido.

O resumo pode ser informativo ou indicativo. Em ambos, não se admite a enumeração em tópicos, mas sim em frases concisas. É recomendado o uso do verbo na terceira pessoa. Caso o resumo não esteja contido no documento, sua posição será posterior à referência. Se o resumo fizer parte do documento, sua referência é opcional, mas se for feita, precisa ficar sob o título "Resumo."

2.2.1.1 Resumo informativo

Antecede documentação científica ou técnica. É o tipo de resumo que informa o leitor sobre o conteúdo do texto, como motivação para lê-lo na íntegra. Deve-se utilizar o resumo informativo em trabalhos acadêmicos; sejam produções monográficas (monografias, artigos e livros), a serem apresentadas como trabalho final de disciplinas, sejam produções publicadas em periódicos especializados. Em dissertações e teses, exige-se também o resumo em língua estrangeira logo após o resumo em língua portuguesa.

• **Estrutura**: a elaboração do resumo informativo segue passos idênticos aos que propusemos em 2.1 Síntese. Esse resumo, tradicionalmente, acresce as finalidades, a metodologia, os resultados e conclusões da obra resumida. Nele, poderão estar presentes dados qualitativos e quantitativos da pesquisa, bem como a estrutura do documento, de tal forma que pode até dispensar a leitura do texto original. Sugerimos que esse resumo, em parágrafo único, possua quatro partes que devem ser expostas com clareza:

• **Tema ou assunto**: do que trata o texto? O assunto deve aparecer logo na primeira frase do resumo, expondo, concisa e nitidamente, a matéria desenvolvida no texto original.

• **Objetivo:** onde o(a) autor(a) pretende chegar? É necessário que se explique sucintamente o alvo que se deseje atingir.

• **Método:** nesta etapa do resumo, explica-se com clareza como a pesquisa foi realizada, especificando os métodos, materiais e técnicas utilizados pelo(a) pesquisador(a). Qual é o tipo da pesquisa (formal, factual, exploratória, descritiva, explicativa, de campo, de laboratório, bibliográfica)? Outra forma de explicar a metodologia de um trabalho é apresentar a sua estrutura, as partes que o compõem, discorrendo brevemente sobre seus conteúdos.

• **Conclusão:** quais foram os resultados da pesquisa? Como esses resultados se relacionam aos objetivos do trabalho? Seguindo as orientações da redação, conforme a norma oficial padrão da língua portuguesa, o texto bem redigido deve ser finalizado com uma conclusão. No caso do resumo, apresentando os próprios resultados da pesquisa ou as consequências deste resultado, quando existentes, e, em textos eminentemente teóricos, uma oração que expresse a opinião conclusiva ou dedutiva do autor sobre o assunto.

Exemplo de resumo informativo
Resumo

ANDRADE, J.M. *A participação política feminina nas eleições 2010*: anotações sobre a evolução de um processo. *Estudos Eleitorais*, Brasília: TSE, v. 5, n.3, p. 53-98, set./dez. 2010.

Descreve o processo de inserção da mulher como sujeito ativo e passivo de direitos políticos na legislação constitucional e infraconstitucional brasileira. Analisa o processo de evolução da participação político-partidária-eleitoral feminina brasileira nos três aspectos em que ela se encerra, quais sejam, como eleitora (exercício dos direitos políticos ativos), como candidata (exercício dos direitos políticos passivos) e como eleita (exercício da representação política). Delimita como objeto de pesquisa a participação feminina nas eleições gerais brasileiras de 2002, 2006 e 2010 para os cargos de deputado federal, senador e governador. Busca esclarecer se a eleição da primeira presidente eleita no Brasil é fator culminante desse processo de evolução.

Palavras-chave: direitos políticos; mulher; participação; Brasil.

2.2.1.2 Resumo indicativo

Apresenta uma visão geral do conteúdo do texto, destacando apenas os seus pontos principais. Na elaboração deste tipo de resumo, não há que se preocupar com ideias secundárias. Apenas a ideia central ou as principais são enfatizadas. Não inclui dados qualitativos, quantitativos, especificação de materiais, métodos e recursos. O resumo indicativo é adequado à literatura de folhetos de propaganda, catálogos de editoras, livrarias e distribuidoras. Também pode ser adotado quando se quer apresentar rápida visão do conteúdo de uma obra.

• **Estrutura**: também em um só parágrafo, informa as principais ideias do documento sem detalhá-las, de modo a não expor dados quantitativos ou qualitativos. Pode não dispensar a leitura do texto original.

2.2.2 Palavras-chave dos resumos

São os termos representativos do conteúdo presente no resumo. Devem ser colocadas ao final do resumo, antecedidas pelo título 'Palavras-chave', seguido de dois pontos. Cada palavra deve ser separada da outra por ponto e vírgula e iniciada com letra minúscula, exceto se for nome próprio. Após o último termo, coloca-se o ponto-final. Exemplo:

Palavras-chave: *concisão; precisão; objetividade; clareza.*

2.2.3 Objetivos

O resumo é um procedimento de economia de tempo. Pela sua concisão, é possível adquirir uma ideia geral do texto rapidamente, uma vez que este recurso de aprendizagem possibilita a apreensão de informações básicas. É, portanto, um instrumento de pesquisa, que objetiva oferecer ao leitor os elementos necessários para que ele se decida ou não pela leitura integral do documento.

No caso específico de uma monografia, o resumo é determinante para o breve entendimento do assunto da pesquisa, bem como das conclusões dela decorrentes.

2.2.4 Pecados capitais

Para redigir um resumo de qualidade, valem algumas dicas do que *não* se deve fazer no texto:

1) não escreva o resumo com mais de um parágrafo;

2) evite locuções introdutórias, como: "O autor afirma..."; "Neste trabalho, o autor expõe..."; "No presente estudo..."; "O livro trata..."; "O texto aborda...". Vá direto ao assunto;

3) evite transcrição parcial ou integral: use suas próprias palavras;

4) não use frases longas: opte pela concisão;

5) ordem indireta: seja objetivo e direto. No resumo, não há tempo a perder, tanto para quem o escreve como para quem o lê;

6) não faça juízo de valor ou crítico: limite-se às ideias do autor;

7) opinião e comentários pessoais: esqueça! Você não é o autor;

Você pode optar por começar o resumo com um substantivo, desde que impreterivelmente o objeto (do que trata o texto ou documento) seja apresentado logo na primeira frase.

2.2.5 *Extensões*

- De 50 a 100 palavras: para breves informes indicativos.

- De 100 a 250 palavras: para artigos de periódicos.

- De 150 a 500 palavras: para trabalhos acadêmicos e relatórios técnicos ou científicos.

3 RESENHA E RECENSÃO

Segundo a norma NBR 6028:2021 da ABNT, a resenha, ou resumo crítico, destina-se a analisar criticamente um documento escrito por especialista. Quando essa análise é feita de uma entre várias edições é chamada de recensão. Não existe limite de extensão para resenhas ou recensões, mas sua estrutura deve ser concisa.

3.1 Características

O procedimento para a resenha é semelhante ao executado na elaboração do resumo, acrescido de uma apreciação analítica. Não se deve, porém, avaliar algo desconhecido por nós. O procedimento inicial de quem se propõe a criticar é estudar, analisar e conhecer bem aquilo sobre o que vai falar ou escrever. Segundo a norma técnica, o leitor deve ter uma noção do que o documento ou objeto seja ou contém, e o resenhista, que não é o autor da obra resenhada, deve descrever seus aspectos relevantes.

3.2 Estrutura

Escrever uma resenha não é difícil, porém requer atenção do resenhista no exercício de compreensão e crítica. O hábito de leitura diária de jornais, revistas, sites e bons livros é fundamental para a criação de ideias. Inclusive porque, a partir dos estudos, podemos ler resenhas de diversas obras, o que nos proporciona boa noção sobre esse trabalho técnico.

Sugere-se que a estrutura básica de uma resenha contenha os seguintes elementos, em frases concisas e sem tópicos enumerados:

a) **referência bibliográfica**: autor, título da obra, número da edição, lugar de publicação, editora, ano e número de páginas;

b) **credenciais da autoria**: breve apresentação do(a) autor(a) ou autores, em especial quanto ao seu currículo profissional (nacionalidade, áreas de atuação, publicações, formação acadêmica, titulação etc.);

c) **resumo da obra**: expor sobre o assunto da obra resenhada; qual o tema central, qual a metodologia ou estruturação da obra etc. Não se exige que o texto do resumo da obra possua apenas um parágrafo;

d) **conclusões do autor**: expor, com clareza, os resultados alcançados pelo autor da obra resenhada;

e) **quadro de referência do autor**: se observado esse aspecto, informar qual teoria serve de apoio às ideias do autor da obra;

f) **apreciação crítica do resenhista**: o estilo do autor é objetivo, conciso? As ideias são originais, claras e coerentes? Qual é a contribuição da obra? O livro é importante? Vale a pena sua leitura? Por que motivo?

g) **indicações da obra**: informar a que público se destina a obra ou a quem ela pode ser útil, como, por exemplo, alunos de determinados cursos, professores, pesquisadores, especialistas, técnicos ou público em geral. Pode-se dizer também em que curso pode ser adotada;

h) **análise da obra (comentário) da obra**: Severino (2016, p. 223) diz muito bem que são as ideias e posições autorais que devem ser criticadas, e não o(a) autor(a). Nesse sentido, contextualizar o texto resenhado com outras obras do mesmo autor é interessante, em especial, no que se refere ao aspecto cultural da área do conhecimento abordado e ao seu período de produção.

3.3 Modelo de resenha

No modelo abaixo, destacamos, apenas para efeitos didáticos, cada parte componente da resenha. O autor de uma resenha não precisa identificar com títulos as partes que a compõem. Não há limite de extensão para uma resenha e recensão, mas requer-se concisão.

Exemplo de resenha – por partes

(Referência)

FAULSTICH, E. L. J. *Como ler, entender e redigir um texto*. 14. ed. Petrópolis: Vozes, 2001. 120 p.

(Credenciais da autora)

Faulstich é ex-membro da Comissão Permanente de Vestibular da UnB. Também escreveu o livro Lexicografia: a linguagem do noticiário policial *e outras publicações em equipe sobre o sistema de vestibular da UnB. É doutora em Filologia e Língua Portuguesa. Leciona Língua Portuguesa para o curso básico dessa Universidade, o que a motivou a escrever esta obra.*

(Resumo da obra)

Informa que produzir texto é tarefa das mais complexas, não existindo, portanto, fórmula infalível para escrever (assunto). Propõe-se a demonstrar que para a produção de bons textos é necessário, em princípio, saber ler e saber entender. Somente, então, se estará preparado para a recriação, transformando o velho *no* novo. *A escrita deve, pois, ser um ato corriqueiro no qual se extrapola o conteúdo assimilado pela leitura e outras formas correntes de informação, como diálogos, e-mails, programas de rádio e televisão. O objetivo da obra é não somente informar, como também ensinar a entender e ser capaz de extrapolar as ideias de um texto lido antes da elaboração segura de uma redação (objetivo). Além de exigir arte, a redação requer, acima de tudo, técnica, ou seja, o conhecimento gradual do processo de aquisição de ideias e sua transformação criativa no ato de escrever.*

(Metodologia ou estrutura da obra)

De início, a autora explica a importância da escolha do texto cujo assunto seja de interesse do leitor. Este deve alcançar entendimento do que lê. Nesse sentido, textos de revistas e jornais costumam proporcionar leitura agradável. Em contraposição, muitas obras especializadas são de difícil entendimento, requerendo disposição e esforço do leitor para entender seu conteúdo.

Propõe, então, dois tipos de leitura para bom entendimento do texto técnico: a informativa e a interpretativa. A primeira se subdivide em leitura seletiva e crítica; a segunda explora as capacidades cognitivas propostas por Bloom (*Apud* FAULSTICH, 2001, p. 23). *Ao final de cada tipo de leitura informativa, propõe a leitura do texto biográfico sobre Aleijadinho, em bloco único de ideias desordenadas, para que o leitor faça as devidas separações em diversos parágrafos e, em seguida, sua ordenação. Além disso, há exercícios sobre leitura interpretativa, que exploram as capacidades cognitivas propostas: compreensão, análise, síntese, avaliação e aplicação.*

Com base nos estudos e práticas propostos anteriormente, propõe um plano de texto expositivo. *Demonstra, pela adaptação que faz da dissertação de um aluno, que, apresentado um tema, pode-se criar "sentenças-tópico" sobre o tema e suas ideias secundárias que estruturarão cada parte do texto. Cada* sentença-tópico *desenvolvida deve corresponder a um parágrafo. Sua conclusão ficaria por conta de comentário, no último parágrafo, baseado no tema introduzido e nas ideias desenvolvidas.*

A obra apresenta, ainda, mais seis capítulos que dispõem sobre os seguintes assuntos: palavra e vocábulo como unidades essenciais do texto; produção do texto, em que se conceituam narração, descrição e dissertação. Esta última é enfatizada, definida e aprofundada na demonstração de sua estrutura expositiva e argumentativa. Finalmente, propõe recursos apropriados para elaboração do texto dissertativo.

Na segunda parte, são propostos trabalhos de sintaxe de construção, *uso da vírgula e da crase. Finalmente, sugere diversos temas para exercícios dissertativos.*

(Análise do resenhista)

Ao propor técnicas de leitura e produção de texto, a autora consegue, com rara eficiência e muita objetividade, oferecer, ao interessado, ideias muito brilhantes e, sem qualquer dúvida, muito úteis a todos os que necessitam dominar a leitura técnica para utilizar esse conhecimento na produção escrita. Ela extrapola os conhecimentos adquiridos de outros autores citados em seu livro, provando, assim, que só sabemos de fato aquilo que praticamos.

O texto é claro, simples e bastante elucidativo, sendo indicado para estudantes de modo geral e, em especial, para candidatos a concursos diversos que exijam o domínio das capacidades cognitivas na leitura e interpretação de textos. Também oferece excelentes subsídios para a prática de redação e leitura críticas.

4 SUMÁRIO

O sumário é um elemento pré-textual *obrigatório*. Segundo a NBR 6027, da ABNT, sumário é a "enumeração das divisões, seções e outras partes de um documento, na mesma ordem e grafia em que a matéria nele se sucede."

Para a aplicação desta norma, é importante o conhecimento da NBR 6024, informação e documentação – Numeração progressiva das seções de um documento escrito – Apresentação.

4.1 Posição do sumário na monografia ou no livro

a) é o último elemento pré-textual;

b) inicia-se no anverso e, se necessário, termina no verso da folha;

c) caso haja mais de um volume da obra, em cada um deles deve constar o sumário de toda a obra.

Modelo simples de sumário

SUMÁRIO
1 INTRODUÇÃO 5
2 IMORTALIDADE 8
2.1 Corpo somático 18
2.2 Corpo psíquico 25
3 O PODER DIVINO 32
3.1 Cura espiritual 45
3.1.1 Recursos curadores 49
3.2 Cuidar do corpo e da mente 55
4 CONCLUSÃO 62
REFERÊNCIAS 67

O sumário apresentado é o exemplo de um documento concluído, com os destaques previstos nas normas ABNT NBR 6027:2013 – Sumário e NBR 6024:2012 – Numeração; é um modelo de como dispor os elementos da pesquisa e sua enumeração com os destaques previstos na sua formatação. Pode ser ampliado, se o trabalho exigir outros capítulos e novos subitens, mas os destaques sempre deverão seguir os que estão presentes nesse modelo.

Atualmente, muitos programas de edição de texto, como o *Word*, possuem a função de criação automática do sumário, a partir dos títulos do trabalho. Também existem plataformas que realizam esse trabalho, mas há ainda quem prefira elaborá-lo passo a passo. Algumas dessas plataformas estão informadas no final do capítulo.

4.2 Posição do sumário em periódicos

a) em todos os fascículos de todos os volumes, deve se localizar na mesma posição;

b) como ocorre na monografia, pode ser inserido no anverso e concluído no verso da folha quando for preciso;

c) também pode situar-se na primeira e ser concluído na quarta capa, se necessário.

4.3 Estrutura do sumário

O sumário é apresentado no início da obra, ao contrário do índice, que é localizado no final da obra.

Os números de páginas devem ser alinhados à direita; a numeração pode informar apenas o número do início da seção (ex: 21); pode identificar o início e fim da seção (ex.: 21- 29); pode indicar as páginas de distribuição do texto (ex.: 51, 62, 65- 68).

Documento apresentado em diversos idiomas deve ter um sumário distinto para cada idioma utilizado. Caso haja sumário único, após os títulos originais, podem ser inseridas traduções destes, separados por sinal de igualdade.

É recomendada a indicação do nome do autor na linha debaixo, com seu alinhamento pela margem do título do indicativo mais extenso. Quando houver mais de um autor, seus nomes devem ser separados por ponto e vírgula.

Não constam no sumário os elementos pré-textuais.

O nome de autor(es) em obra coletiva (anais, coletâneas, periódicos etc.) deve ser inserido como está no texto em seguida aos títulos e subtítulos.

A ABNT recomenda que o nome da autoria da obra seja colocado na linha seguinte, alinhado pela margem do mais extenso indicativo. Caso haja mais de um autor, eles devem ser separados por ponto e vírgula.

Os números que indicam suas seções devem alinhar-se à esquerda.

Títulos e subtítulos acompanham os indicativos das seções. Apenas o título 'Sumário' não é numerado, e sim centralizado.

4.4 Modelo simplificado de sumário com apêndices, anexos e índice

O modelo a seguir ilustra a estrutura do sumário, inclusive com observância dos destaques de títulos de capítulos, itens e elementos pós-textuais, de acordo com a norma técnica.

Quadro 1: Novo modelo simplificado de sumário visto em alguns livros.

SUMÁRIO
1 INTRODUÇÃO, 5
2 ARQUITETURA E PROFISSIONAL ARQUITETO, 6
2.1 Formação do arquiteto, 9
3 METODOLOGIA DE PESQUISA, 19
3.1 Modelo de pesquisa adotado: O. Niemayer (1960), 20
4 COMPORTAMENTO PROFISSIONALIZANTE, 22
4.1 Atuação estagiária, 24
4.1.1 Atuação estagiária: referências nacionais, 26
4.1.1.1 Atuação estagiária: referências internacionais, 28
4.1.1.2 Atuação estagiária: troca de experiências, 32
5 ANÁLISE DOS RESULTADOS, 44
6 CONCLUSÃO, 57
REFERÊNCIAS, 61
APÊNDICE A – Roteiro de trabalho, 63
APÊNDICE B – Cronograma de pesquisa, 64
ANEXO A- Pesquisa de campo, 65
ANEXO B – Relatório científico, 70
ÍNDICE, 76

Fonte: elaboração própria.

Após as referências, anexo(s) e apêndice(s), quando houver, um elemento pós-textual importante que, em geral, não consta em monografias, é o índice, que pode ser onomástico, geral etc.

4.4.1 Índice(s)

Para que não seja confundido com sumário, como ocorre em algumas obras, que o colocam nessa condição, consideramos útil informar o que é o índice. Embora sendo elemento opcional, o índice é de extrema utilidade na indicação detalhada dos tópicos, especialmente em obra de grande extensão. Constitui-se da relação, ordenada alfabeticamente, das palavras ou frases, com sua remissão à página correspondente no trabalho. Sua elaboração obedece ao disposto na NBR 6034, da ABNT.

É apresentado em folha independente, com a palavra ÍNDICE centralizada e em caixa alta, no final da obra.

5 NUMERAÇÃO DAS SEÇÕES DE UM DOCUMENTO

Todo trabalho de pesquisa, seja um artigo, um relatório, uma monografia, um projeto de pesquisa etc. precisa ser numerado progressivamente com início em cada uma de suas seções, conforme disposto na NBR 6024:2012. Para tal, é importante saber que esses documentos são denominados sequencialmente pelos seguintes termos: seção, alínea, subalínea e indicativos.

5.1 Seção

A seção é identificada com algarismo arábico e se subdivide em: primária, secundária, terciária, quaternária e quinária.

5.1.1 Características

a) a numeração, que deve ser feita em algarismos arábicos, vai da primária à quinária somente;

b) o título após o número indicativo da seção deve ser alinhado à margem esquerda e separado por espaço, mas o texto deve ser iniciado abaixo dele;

c) não utilize qualquer sinal (ponto, hífen, travessão, parênteses etc.) após o indicativo da seção, alínea ou subalínea;

d) todas as seções devem possuir texto a elas correspondente;

e) a numeração começa com o algarismo 1 nas seções primárias;

f) a seção secundária é representada pelo número da seção primária, ponto e número em sequência iniciado por 1.

Exemplos

• seção primária: 1;

• seção secundária: 1.1; 1.2 ...;

• seção terciária: 1.1.1; 1.1.2 ...;

• seção quaternária: 1.1.1.1; 1.1.1.2 ...;

• seção quinária: 1.1.1.1.1 ...;

g) itens não numerados, como agradecimentos, listas de abreviaturas e siglas, resumos, sumários, referências etc. devem ser centralizados e ter destaque tipográfico igual ao das seções primárias; ou seja, destacados em caixa alta;

h) a partir da segunda linha de títulos numerados, o alinhamento deve ser feito abaixo da primeira letra do título.

5.2 Alínea

Assuntos sem títulos de cada seção devem ser subdivididos em alíneas: a), b), c) etc., que iniciam após dois pontos do texto anterior com letra minúscula seguida de parêntese.

Exemplo

O corpo humano é subdividido em três partes básicas. São elas:

a) cabeça;

b) tronco;

c) membros.

A partir da segunda linha, o texto recomeça abaixo da primeira letra que inicia a alínea. A alínea deve estar recuada em relação à margem esquerda, separada da seguinte por ponto e vírgula e encerrada por ponto final.

5.3 Subalínea

Abaixo de cada alínea pode haver uma ou mais subalíneas. A subalínea é antecedida de travessão separado por espaço e recuado em relação à alínea. A subalínea começa por letra minúscula e termina por ponto e vírgula. Deve ficar recuada em relação à alínea. Se a subalínea for a última informação dada deve se colocar ponto-final.

Assim como ocorre com a alínea, a partir da segunda subalínea, o texto deve reiniciar abaixo da primeira letra da subalínea. Exemplo:

c) membros:

– superiores: braços, antebraços, ombros e mãos;

– inferiores: quadril, coxas, pernas e pés;

5.4 Indicativos das seções

A citação dos indicativos numéricos (número ou grupo numérico que antecede cada seção, exemplo: 2; 2.2 etc.) obedece ao seguinte modelo da NR 6024.

Exemplos

1) ... na seção 2 ...

2) ... ver 2.2 ...

3) ... em 2.2.1.2, § 1º ou ... primeiro parágrafo de 2.2.1.2 ...

4) Na alínea a, da seção 2.2 ....

5) Na primeira subalínea, da alínea b.

6 RELATÓRIO

Esse tipo de trabalho possui as mais diversas estruturas, conforme o tema e objetivos a serem relatados. Também é muitíssimo cobrado nas empresas e instituições educacionais. Nos educandários, é denominado, pela ABNT NBR 10719: 2015, de relatório técnico e/ou científico.

6.1 Conceito

Os diversos conceitos de relatório sempre têm em vista o relato oral ou escrito dos principais fatos colhidos por comissão ou pessoa encarregada de estudar determinado tema. Relatório é, pois, a narração ou descrição verbal ou escrita, ordenada e mais ou menos minuciosa, daquilo que se viu, se ouviu ou se observou. Pode vir acompanhado de estatísticas, gráficos, tabelas etc. Sua linguagem deve ser clara, objetiva e simples.

6.2 Estrutura

Pode variar conforme os dados a serem coletados e analisados, tanto na sua extensão quanto em sua forma e conteúdo. A NBR 10719:2015 da ABNT propõe a seguinte estrutura de relatório técnico e/ou científico:

Parte externa

a) capa (opcional);

b) lombada (opcional).

Parte interna

Elementos pré-textuais:

c) folha de rosto (obrigatória);

d) errata (opcional);

e) agradecimentos (opcional);

f) resumo na língua vernácula (obrigatório);

g) lista de ilustrações (opcional);

h) lista de tabelas (opcional);

i) lista de abreviaturas e siglas (opcional);

j) lista de símbolos (opcional);

k) sumário (obrigatório).

Elementos textuais:

l) introdução (obrigatória);

m) desenvolvimento (obrigatório);

n) considerações finais (obrigatórias).

Elementos pós-textuais

o) referências (obrigatórias);

p) glossário (opcional);

q) apêndice (opcional);

r) anexo (opcional);

s) índice (opcional);

t) formulário de identificação (opcional).

6.2.1 Capa

Relatórios curtos dispensam a capa. Caso exista, deve conter:

a) **primeira capa**: nome e endereço da instituição; número do relatório (se houver) ISSN elaborado de acordo com a ABNT NBR 10525; título e subtítulo (se houver); além da classificação de segurança, quando houver. Exemplo:

Quadro 2: exemplo de primeira capa de relatório.

NOME DA INSTITUIÇÃO
Endereço
Relatório nº 7
ISSN (se houver)
Título: subtítulo (se houver)
Classificação de segurança (se houver)
Lugar
Ano

Fonte: elaboração própria.

b) **segunda e terceira capa:** propõe-se não inserir informações.

6.2.2 Folha de rosto

No anverso da folha de rosto, deve conter:

a) nome da entidade solicitante;

b) título do projeto ou programa ao qual o projeto se relaciona;

c) título do relatório;

d) subtítulo, precedido de dois pontos, após o título (relatório com vários volumes deve ter um título geral e, cada volume, além do geral, um título específico);

e) número do volume, caso haja mais de um, constando em cada folha de rosto a especificação do respectivo volume em algarismo arábico;

f) código de identificação (se houver), deve ser formado pela sigla da instituição, indicação da categoria do relatório, data, assunto e número da sequência do relatório na série;

g) classificação de segurança, exigida para todos os órgãos privados ou públicos que desenvolvam pesquisa de interesse nacional de conteúdo sigiloso (informar a classificação adequada, de acordo com a legislação vigente);

h) nome do autor ou entidade autora. O título e a qualificação ou função do autor podem ser incluídos, se servirem para indicar sua autoridade no assunto. Se a instituição que solicitou o relatório for a que o gerou, o nome dela deve ser suprimido no campo de autoria;

i) lugar (cidade) do responsável e/ou solicitante e da instituição responsável. De preferência, anotar a sigla da federação entre parênteses, ao lado da cidade, se houver cidades diversas com o mesmo nome;

j) o ano de publicação do relatório deve ser anotado em algarismos arábicos.

A atual NBR 10719 prevê constar, no verso da folha ou na folha de rosto, o seguinte:

a) título, qualificação ou função do autor ou da equipe técnica;

b) dados internacionais de catalogação (elemento opcional); se incluídos, devem conter os dados de catalogação na publicação, se não for utilizado o formulário de identificação;

c) a errata (elemento opcional) deve ser inserida logo após a folha de rosto e deve conter a referência da publicação e o texto da errata. Pode ser acrescida ao relatório após sua impressão.

Exemplo de errata

MARQUES, José de Oliveira. Supervisão dos trabalhos preparatórios da comemoração natalina em Natal: relatório final de 16 de março de 2023. Brasília, DF, CEC, 2023.

Folha	Linha	Onde se lê	Leia-se
17	22	Jerusalem	Jerusalém

6.2.3 Seções

São adequadas às necessidades do fato a ser relatado; varia, portanto, quanto a sua forma. A maioria dos relatórios possui as seguintes seções:

1ª) sumário;

2ª) introdução;

3ª) desenvolvimento;

4ª) considerações finais;

5ª) recomendações;

6ª) referências;

7ª) anexos.

6.2.4 Sumário

Relaciona capítulos e demais partes do relatório, como na monografia (títulos, subtítulos etc.). A paginação é contada a partir da folha de rosto, mas só é numerada a partir da introdução.

6.2.5 Introdução

Delimitação do tema, objetivo geral e objetivos específicos. Justificativa (motivos do trabalho). Faz referência à disposição legal ou à ordem superior que deu origem ao relatório e breve menção ao assunto que vai ser relatado. A finalidade é enunciar o propósito do relatório. Descrever para o leitor a finalidade do trabalho.

6.2.6 Desenvolvimento

Parte na qual são descritos os fatos e pormenores. Deve indicar: a) data; b) lugar; c) processo ou método adotado na apuração; d) discussão, apuração e julgamento dos fatos e conteúdos pesquisados; e) interpretação dos resultados: informar se os objetivos do trabalho foram ou não atingidos e como e por que isso ocorreu.

6.2.7 Conclusões

Devem se referir às informações apresentadas. Evidenciar as conquistas alcançadas e as limitações do trabalho.

6.2.8 Recomendações

Fundamentadas nas conclusões. Devem oferecer soluções aos problemas expostos anteriormente, caso a finalidade seja essa. Essas recomendações (ou sugestões) devem ser, como o próprio relatório, concisas, práticas e objetivas.

6.2.9 Fecho

As formas usuais de cortesia para fecho do relatório são as mesmas do ofício. Emprega-se o tratamento "Atenciosamente" para as autoridades em geral ou "Respeitosamente" para altas autoridades, como ministros de Estado, governadores etc.

6.2.10 Lugar, data e assinatura

Logo abaixo do fecho, na margem esquerda, colocar o lugar e data; na margem direita, dispor nomes e funções ou cargos dos responsáveis pelo relatório.

6.2.11 Referências

Observar as normas técnicas atualizadas da ABNT.

6.2.12 Anexos

São documentos ou informações como gráficos, tabelas, estatísticas que complementem os assuntos relatados ou mesmo comprovem as afirmações do relatório, mas que não sejam imediatamente necessárias ao corpo do relatório.

6.2.13 Modelo simplificado de relatório informal

Alguns tipos de relatório, como o do modelo reduzido a seguir, dispensam capa e folha de rosto. Seus dados podem ser dispostos, com as devidas adaptações, após breve apresentação, conforme o seguinte modelo:

Quadro 3: modelo reduzido de relatório

(Introdução ou apresentação)

Ilustríssimo Sr. ...

Honrados com a designação de V. S.ª para integrarmos a Comissão de ..., incumbida de apurar os fatos observados na visita a...., no período de ..., após a conclusão dos trabalhos, apresentamos-lhe o presente relatório (apresentação e sumário).

(Corpo do relatório)

1 Título do item

___(exposição do assunto).

1.1 Título do subitem

___(desenvolvimento do assunto).

2 Título do novo item

___(exposição do assunto).

(Conclusão)

Ante o exposto, concluímos que_(considerações finais).

Sugerimos_____(recomendações)____.

Atenciosamente,

Brasília, ____de _____ de ____.

Nome/cargo/assinatura

Fonte: elaboração própria.

Observações:

a) em página à parte, apresentar as referências, conforme normas da ABNT;

b) se houver anexos, estes deverão ser acrescentados após as referências e constarão do sumário dos relatórios mais extensos;

c) todas as expressões entre parênteses constantes do presente modelo servem apenas para orientação do trabalho. Não devem, pois, ser escritas no corpo do texto;

d) As formas usuais de cortesia para o fecho do relatório simplificado são as mesmas do ofício. Emprega-se o tratamento "Atenciosamente" para as pessoas em geral e "Respeitosamente" para as altas autoridades.

7 CITAÇÕES EM DOCUMENTOS

A Associação Brasileira de Normas Técnicas (ABNT) elaborou a NBR 10520:2023 sob o título: *Informação e documentação – Citações em documentos – Apresentação*. Em atenção ao disposto na citada NBR, é necessário dominar as informações e os procedimentos dispostos no presente capítulo.

Uma informação muito importante contida no prefácio da norma atual é que leis, decretos e regulamentos têm precedência sobre qualquer documento técnico ABNT.

7.1 Conceitos básicos

O entendimento de alguns termos e suas definições, de acordo com a ABNT NBR 10520:2023, foram padronizados a seguir.

- *Autor-entidade*: é aquele cuja autoria não é pessoa física, mas sim pessoa jurídica, evento, instituição, organização, empresa, comitê etc.
- *Citação:* é a referência a um texto retirado de outra fonte.
- *Chamada*: é o conjunto de elementos ou o elemento indicativo de outra fonte.
- *Citação de citação:* é a menção direta ou indireta de um texto citado por outrem.

- *Citação direta:* ocorre com a transcrição exata de texto ou parte de obra de outro autor.

- *Citação indireta:* é a reescrita parafrástica de texto de outro autor.

- *Notas de referência:* são as notas indicativas das fontes consultadas ou que remetem a outras partes da obra com abordagem do assunto.

- *Fonte*: documento do qual a informação foi retirada.

- *Notas*: aditamentos textuais, indicações ou observações feitos pelo autor, tradutor ou editor da obra.

- *Notas explicativas:* são as adições, informações e/ou observações complementares ao texto acrescentadas na parte inferior da página pelo autor, tradutor ou editor.

7.2 Lugar das citações

As citações podem aparecer no rodapé da página, ao lado do texto ou em outra parte qualquer da obra. Devem ser correlatas às listas de referências ou às listas de notas.

7.3 Sistemas de numeração

As citações podem ser feitas por um sistema chamado autor-data ou por outro, denominado numérico. Quando adotado um desses sistemas, seu padrão deve ser seguido ao longo de toda a obra.

Supressões, interpolações, comentários, ênfases ou destaques, devem ser indicados assim:

a) acréscimos, comentários ou interpolações: [ ]

Exemplo

Tenho sofrido bastante pela incompreensão de familiares [nem todos] que não valorizam meus esforços...

b) supressões: [...]

Exemplo

Jamais entendi como Pedro [...] fosse perder aquele gol.

c) ênfases ou destaques: itálico, negrito ou sublinha.

Exemplo

"Fora da caridade, *não há salvação!*"

7.4 Sistema numérico

A indicação da fonte, neste sistema, ocorre por numeração única e consecutiva, em algarismos arábicos, remetendo à lista de referências ao final do trabalho, do capítulo ou da parte, na mesma ordem em que aparecem no texto. A sequência dos números é contínua. A fonte de consulta, se repetida, deve conter a mesma numeração. É necessário que a numeração indicada na citação esteja correlacionada às referências previstas pela ABNT NBR 6023.

Exemplo

No corpo do texto:

Segundo informação de astrônomos, foi descoberto um planeta semelhante à Terra que dista apenas 6 anos-luz de distância[1].

O primeiro astronauta a avistar esse planeta disse que já foram vistos diversos planetas semelhantes à Terra[1].

Nas referências:

[1]VEIGA, Edison. BBC News Brasil. *Astrônomos descobrem planeta parecido com a Terra* [...]. Byte. Disponível em www.terra.com.br. Acesso em 7 de outubro de 2023.

A indicação da numeração deve ser feita antes da pontuação que fecha a citação. Observação: o ponto-final deve ser utilizado para encerrar a frase e não a citação, como pode ser observado nos exemplos a seguir.

Exemplo

No poema *Sonata*, brada Cruz e Sousa: "Ó Mar supremo, de flagrância crua, / De pomposas e de ásperas realezas, / Cantai, cantai os tédios e as tristezas / Que erram nas frias solidões da Lua"[1].

Nas referências:

1 SOUSA, Cruz e. *Missal e Broquéis*. Introdução e organização de Ivan Teixeira. 2. ed. São Paulo: Martins Fontes, 2001.

A indicação da numeração pode ser feita entre parênteses alinhados ao texto, como também em expoente. Em citação direta, ou no texto.

Exemplos

a) Diz Machado de Assis: "O trabalho move o mundo" (5, p. 25).

b) Diz Machado de Assis: "O trabalho move o mundo" 5, p. 25.

c) O Bruxo do Cosme Velho, em sábia frase, disse que o trabalho é o motor do mundo (5, p. 25).

Vale ressaltar, por fim, que, quando houver nota no texto, não é possível usar o sistema numérico.

7.5 Sistema autor-data

Quando o(s) nome(s) do(s) autor(es), instituição(ões) responsável(eis) estiver(em) incluído(s) no corpo do texto, indica-se a data, entre parênteses, acrescida da(s) página(s), se a citação for direta. De acordo com a norma atual, as citações, chamadas pelo sobrenome do autor, pela instituição responsável ou título incluído na sentença devem ser em letras maiúsculas e minúsculas. A indicação da(s) página(s) consultada(s), *nas citações indiretas*, é opcional. Ainda assim, sempre que possível, julgamos de bom alvitre indicá-la(s), tendo em vista que tal procedimento permite que se confira a informação, no original citado, de imediato.

No sistema autor-data, faz-se a indicação da fonte do seguinte modo: pelo sobrenome de cada autor ou pelo nome de cada entidade responsável, somente com inicial maiúscula, até o primeiro sinal de pontuação, seguido(s) da data de publicação do documento e da(s) página(s) da citação, no caso de citação direta, separados por vírgula e entre parênteses.

Exemplo 1

Citação indireta no corpo do texto:

Segundo Tavares (1984, p. 33), muitas vezes, a realidade estética ou literária choca-se com a razão ou com os sentidos. *(n° de página opcional).*

Nas referências:

TAVARES, Hênio. Último da Cunha. *Teoria literária*. 8. ed. rev. e atual. Belo Horizonte: Itatiaia, 1984.

Exemplo 2

Citação direta no corpo do texto:

"Nas proximidades da ideia principal aparecem argumentos que a justificam, analogias que a esclareçam, exemplos que a elucidam e fatos aos quais ela se aplica" (Lakatos; Marconi, 2001, p. 24) *(n.° de página obrigatório).*

Nas referências:

LAKATOS, Eva Maria; MARCONI, Marina de Andrade. *Fundamentos de metodologia científica.* 4. ed. rev. e ampl. São Paulo: Atlas, 2001.

Em caso de obras sem indicação de autoria ou de responsabilidade, a fonte deve ser indicada pela primeira palavra do título da obra, com iniciais maiúsculas, seguida de reticências entre chaves, seguida da data de publicação do documento e da(s) páginas(s) da citação, no caso de citação direta, separados por vírgula e entre parênteses.

Exemplo 3a

Citação no corpo do texto sem indicação de autoria:

"Este Decreto-Legislativo entrará em vigor trinta dias após sua publicação" (Anteprojeto [...], 1986, p. 31).

Nas referências:

ANTEPROJETO de Decreto-Legislativo. Comissão de Constituição e Justiça, Câmara dos Deputados, Brasília, DF, p. 31, mar. 1986.

Exemplo 3b

Citação no corpo do texto sem indicação de autoria:

"A Biomedicina veio para formar profissionais mais aptos a lidar com a área de patologia humana, notadamente em análises laboratoriais, produção de medicamentos e microbiologia celular" (Novidade [...], 2003, p. 4).

Nas referências:

NOVIDADE no campus. UniCEUB em revista, Brasília, p. 4, ago. 2003.

Observação: se o título iniciar por artigo (definido ou indefinido), ou monossílabo, este deve ser incluído na indicação da fonte.

Indicação de autoria jurídica deve ser feita pela sigla ou nome completo, em letras maiúsculas e minúsculas entre parênteses. Recomenda-se que as siglas sejam grafadas em letras maiúsculas.

Exemplo 4

Citação no corpo do texto com autoria de pessoa jurídica:

(UFRJ, 2022).

(Organização Mundial de Saúde, 2023, p. 52).

7.6 Normas gerais

A página citada é abreviada com *p.* (p minúsculo seguido de ponto). Em publicações eletrônicas, a palavra 'localizador', antes do número, deve ser abreviada por *local.*

Exemplo 1

Citação no corpo do texto:

"E quanto mais ele gritava, menos era ouvido" [5], [p. 25].

Nas referências:

[5]MOREIRA, João. *O homem que falava sozinho*. Amapá: Lapa, 2001.

Exemplo 2

"Atualmente, o sistema de ensino à distância tem crescido muito no Brasil" (6, local. 36).

As citações indiretas de diversos documentos da mesma autoria, publicados em anos diferentes e mencionados simultaneamente, têm as suas datas separadas por vírgula.

Exemplo 3

(Assis, 1870, 1875, 1878).

A indicação de autoria governamental, dentro dos parênteses, deve ser feita pela jurisdição ou nome do órgão superior, em letras maiúsculas e minúsculas.

Exemplo 4

(Brasília, 2021);

(Banco de Brasília, 2022).

A indicação de autoria de citação com mais de três autores pode ser reduzida no texto com a expressão *et al.*, ainda que na referência constem todos os autores.

Exemplo 5

Citação no corpo do texto:

(Barbosa; Saturnino; Lima; Moreira, 2022) ou (Barbosa *et al.*, 2021)

Nas referências:

BARBOSA, Renato; SATURNINO, José; LIMA, Patrícia; MOREIRA, Manoel.

A promoção de concursos literários pela biblioteca de Vespasiano. Vespasiano, MG: Biblioteca Pública, 2023.

As citações indiretas de diversos documentos de vários autores, mencionados simultaneamente, devem ser separadas por ponto e vírgula, em ordem alfabética.

Exemplo 6

Citação no corpo do texto:

Diversos autores enfatizam a necessidade de identificar a ideia principal em cada parágrafo. (Faulstich, 2001; Garcia, 1981; Medeiros, 2003)

Havendo coincidência de sobrenomes de autores, as iniciais de seus prenomes devem ser acrescentadas; caso ainda assim persistam as coincidências seus prenomes devem ser escritos por extenso.

Exemplo 7

(Silva, C., 1980)

(Silva, J., 1985)

(Coelho, Paulo, 1990)

(Coelho, Antônio, 1990)

Consoante a presente norma: "as citações de diversos documentos de um mesmo autor, publicados num mesmo ano, são distinguidas pelo acréscimo de letras minúsculas, em ordem alfabética, após a data e sem espacejamento, conforme a lista de referências".

Exemplo 8

"A vida perde o sentido quando a construção acaba" (Coelho, 1990a, p. 81).

"Aprendi que o mundo tem uma Alma, e quem entender esta Alma entenderá o sentido das coisas" (Coelho, 1990b, p. 92). Nas referências, o sobrenome é citado em caixa alta: COELHO, P. O exemplo completo de referência pode ser visto no capítulo seguinte, subtítulo 8.7. No caso presente, basta acrescentar cada letra após o ano de edição.

Nas citações diretas, recomenda-se especificar, no texto, em seguida à data e separado(s) por vírgula, de forma abreviada, além da(s) páginas(s), também "volume(s), tomo(s) ou seção(ões) da fonte consultada (se houver)."

Exemplo 9

Informa Rappaport que de tempos para cá os psicólogos vêm estudando a interação entre mãe e filho. De acordo com essa autora, foi dada "uma grande ênfase à influência que a personalidade da mãe exerce na da criança, uma vez que esta é ainda pouco estruturada" (Rappaport *et al.*, 1981, v. 2, p. 44-45).

Citações diretas, no texto, com até três linhas, devem ser postas entre aspas duplas. As aspas simples servem para indicar citação dentro da citação.

Exemplo 10

Entre as combinações das categorias de pais que influenciam a personalidade da criança, situa-se a seguinte: "os do grupo *autonomia-amor* tendem a 'produzir a criança ideal': boa adaptação social, criativa, agressividade adequada, independente, simpática" (Rappaport, *et al.*, 1981, v. 2, p. 47).

Citações diretas, no texto, contendo mais de três linhas, devem ser recuadas em 4 cm da margem esquerda, destacadas com o uso de letra menor do que a do texto que as introduz e sem aspas. No caso de documentos datilografados, deve-se observar apenas o recuo.

Exemplo 11

Se, por um lado, o comportamento infantil pode ser atribuído a múltiplas causas, o mesmo pode ser dito do comportamento das mães. Estas, sujeitas a vivências e tensões oriundas de várias fontes, irão atuar de forma diferente em relação a cada um de seus filhos, em função das características diferenciais de cada um deles e das circunstâncias especiais que estejam vivenciando (Rappaport, *et al.*, 1981, v. 2, p. 66).

Observação: nas ênfases ou destaques, em geral, usa-se o itálico, mas nada impede que seja usado o negrito. O que se exige é a padronização de procedimento. Se houver opção por um destaque, este deve ser empregado em todo o trabalho; se a opção for o itálico (mais discreto), também ele será uniformemente utilizado em todos os destaques.

Tratando-se de dados obtidos por informação verbal (palestras, debates, comunicações etc.), recomenda-se indicar, entre parênteses, a expressão "informação verbal", mencionando-se, em nota de rodapé, os dados disponíveis.

Exemplo 12

No corpo do texto:

"A lexicografia é uma área que também pertence à Linguística Aplicada"

(informação verbal)[1].

Nas referências:

1 Notícia fornecida pela Doutora Maria Luísa Ortiz Alvarez, coordenadora do Mestrado em Linguística Aplicada – LET/IL UnB, no seminário sobre Linguística Aplicada realizado no Uni-CEUB em 03 out. 2003.

Na citação de trabalhos em fase de elaboração, deve ser mencionado o fato, indicando-se, na referência, os dados disponíveis.

Exemplo 13

No corpo do texto:

O soneto *A Sombra* foi premiado duas vezes em concursos de poesia (em fase de elaboração)[2].

Nas referências:

2 *Cantos do alvorecer*, de autoria de Jorge Leite de Oliveira, a ser editado em breve.

Trechos de citação enfatizados por aquele que cita devem ser destacados após a chamada da citação da seguinte forma: (grifo nosso).

Exemplo 14

"A grande revolução no verso, operada pelos simbolistas, foi a do emprego do *verso livre* e da *rima pobre*" (Tavares, 1984, p. 91, grifo nosso).

Em casos em que o destaque faça parte da obra consultada, deve-se acrescentar, após a citação, o seguinte: (grifo do autor).

Exemplo 15

"No Brasil a *poesia socialista* eclodiu precisamente a partir de 1870" (Tavares, 1984, p. 77, grifo do autor).

Quando a citação incluir texto traduzido pelo autor, deve-se incluir, após a chamada da citação, a expressão tradução nossa, entre parênteses.

Exemplo 16

"Esses sinais paralinguísticos são negados ao escritor" (Brown, G.; Yule, G. Discourse Analysis. Cambridge: CUP, 1983, p. 38, tradução nossa).

Em citações de documentos digitais que tiverem localizador ao invés de página (*e-books*, por exemplo), convém indicar a posição exata da menção.

Exemplo 17

(Benavides; Leite, 2023, local. 125).

7.7 Notas

As notas devem ser feitas com números arábicos em sequência e, quando utilizadas, não se emprega o sistema de chamada numérico de citações. As notas podem ficar no rodapé, nas margens da mancha gráfica, no final do artigo, do capítulo ou do documento. Devem ser alinhadas, a partir da segunda linha da mesma nota, abaixo da primeira letra da primeira palavra, de forma a destacar o expoente e sem espaço entre elas e com fonte menor. Em notas de documentos digitais, também pode ser utilizado o recurso de *hyperlink*.

Exemplo 1

[1]Exemplos de argumentações formais e informais podem ser vistos em Garcia (1981).

[2]Outra autora que explora bem esse assunto é Faulstich (2001).

7.8 Notas de referência

Deve-se usar, para cada capítulo ou parte, numeração única e consecutiva em algarismos arábicos. Essa sequência continua a ser observada nas demais páginas. Na nota, a primeira referência deve estar completa.

Exemplos

[1]KLEIMAN, Ângela Bustus (org.). *Os significados do letramento*. Campinas, SP: Mercado de Letras, 1995.

[2]SOUSA, Cruz e. *Faróis*. Brasília: Ed. Fundo de Quintal, 2000.

[3]KLEIMAN, Ângela Bustos. *Letramento e formação do professor*. Campinas, SP: Mercado de Letras, 2005.

As citações da mesma fonte subsequentes podem ter suas referências abreviadas, podem repetir as referências completas ou podem indicar o número da nota anterior, precedido pela chamada e pela abreviatura ref. Se necessário, indica-se o número de página e lugar da publicação.

Exemplos

[1]SOUSA, Cruz e. *Faróis*. Brasília: Ed. Fundo de Quintal, 2000.

[2]KLEIMAN, Ângela Bustos. *Letramento e formação do professor*. Campinas, SP: Mercado de Letras, 2005.

[3]SOUSA, ref. 7, p. 22.

[4]KLEIMAN, Ângela Bustos, ref. 8, p. 52.

A fonte de informação citada e referenciada antes pode ser indicada abreviadamente em nota, fazendo uso da chamada da referência anterior seguida do ano e do número de página ou localização (se houver), caso seja citação direta. Notas seguintes podem fazer uso das seguintes expressões:

- *Idem:* quando a obra anterior imediata for da mesma autoria e documento diverso. Abreviatura: *Id,* ano e página desde que isso ocorra na mesma página ou folha da referida citação.
- *Ibidem (Ibid.)*, p. 90 = na mesma obra, p. 90.
- *Opus citatum* (*op.cit.*) = obra citada.
- *Passim* = em diversas passagens.
- *Loco citato* (*loc. cit.)* = no lugar citado.
- *Et seq.* = que se segue.
- Cf. = confira.

Exemplos

[5]Eco, 1991, p. 15.

[6]Faulstich, 1996, p. 52-55.

[7]Eco, *op. cit.*, p. 29.

[8]Cf. Ruiz, 1982.

[9]Garcia, 1981, *passim.*

[10]KOCH, 1999, p. 15-61

[11]KOCH, *loc. cit.*

[12]SQUARISI, 2001, p. 27 *et seq.*

A palavra *apud,* que significa *citado por, segundo,* pode ser usada em casos em que se retira uma citação de um autor X de um texto escrito por um autor Y; ou seja, a citação é retirada de um segundo texto – e não da obra original.

Exemplo

No corpo do texto:

Garcia (*apud* Faulstich, 2001, p. 31) informa que "a figuração em círculos inspira-se nos 'filtros duplos' imaginados por BÜHLER, K."

Nas referências:

FAULSTICH, Enilde Leite de Jesus. *Como ler, entender e redigir um texto.* 14. ed. Petrópolis: Vozes, 2001. p. 31.

7.9 Notas explicativas

Devem ser numeradas consecutivamente, e a numeração não deve ser iniciada a cada página, podendo-se iniciar a cada parte ou capítulo da obra. Não é conveniente que se utilize nota explicativa e nota de referência simultaneamente.

Exemplo

No corpo do texto:

É preciso que os pais se encarreguem da educação de seus filhos.

Na nota:

A escola tem por finalidade básica a instrução. Cabe às famílias a tarefa de educar, ainda que na escola também se aprenda a conviver de modo pacífico, respeitoso com colegas e professores.

8 REFERÊNCIAS

Nenhum trabalho de pesquisa terá validade documental se não citar as fontes de consultas. Poderá mesmo ser considerado plágio e seu autor poderá ser processado por violar direitos autorais. Por isso, todas as vezes que o aluno precisar se valer de informações encontradas em jornais, revistas, livros ou mesmo na *internet* deverá citar a fonte com o máximo rigor.

Anote, imediatamente, todos os dados de referência relativos aos textos lidos que lhe possam ser de utilidade nas pesquisas. Se você ainda não domina as normas técnicas, nem por isso deixe de anotar os dados importantes para a citação dos documentos utilizados no estudo.

8.1 Conceito

Segundo a norma 6023/2020, da ABNT, p.3, referência é "[...] conjunto padronizado de elementos descritivos retirados de um documento, que permite sua identificação individual." Compõem-se as referências de elementos essenciais e elementos complementares.

8.2 Elementos essenciais (monografia, livro, folheto etc.)

Somente se exige do acadêmico ou pesquisador a transcrição dos elementos essenciais em uma referenciação. Esses também são os elementos que constam nas referências do final de uma obra publicada. Se, entretanto, for feita a opção de acréscimo de dados complementares, estes devem constar em todas as obras referenciadas. Os elementos essenciais de uma referência são os seguintes:

a) autor(es): sobrenome(s) em caixa alta, vírgula, prenome(s) por extenso ou abreviado, ponto. Se a obra tiver até três autores, separá-los por ponto e vírgula. Havendo mais de três autores, todos devem ser citados e separados por ponto e vírgula. Entretanto, é permitido indicar apenas o primeiro autor, seguido da expressão latina et al. Em obras com tradutor, prefaciador, ilustrador, compilador ou revisor, vale-se a mesma norma: se a obra tiver até três tradutores, prefaciadores, ilustradores, compiladores e revisores, deve-se indicar os três, separando-os por ponto e vírgula. Se houver mais de três, convém indicar todos, mas permite-se a indicação do primeiro, seguido da expressão et al. Se optar por indicar todos, é necessário separá-los com ponto e vírgula.

b) título: grifo, negrito ou itálico, ponto. Em geral, dá-se preferência ao itálico; entretanto, o mesmo padrão deve ser adotado uniformemente em todas as citações. Se houver opção pelo negrito, todas as obras referenciadas deverão ser negritadas. O uso da sublinha é mais comum quando a referência é escrita a caneta ou a lápis. Se houver subtítulo, este deve ser antecedido de dois pontos e escrito sem destaque;

c) número de edição: quando houver o número de edição, informá-lo com a palavra edição abreviada (ex: 3. ed.);

d) lugar de edição: por extenso. Se houver cidades com o mesmo nome em estados ou países diferentes, anota-se o nome do estado ou do país seguidos de dois pontos; também se a cidade não for conhecida nacionalmente, citá-la seguida de vírgula e da abreviatura do estado a que pertence (ex: Alvorada, RS); em obras com mais de um lugar de publicação, deve-se anotar cada um e separá-los por ponto e vírgula;

e) editora: só escrever Ed. ou Editora antes ou após o nome da editora se isso constar na obra. Algumas editoras podem ter o nome abreviado após os dois pontos (ex: Goiânia: AB Editora; Paris: PUF; Rio de Janeiro: FGV; São Paulo: Revista dos Tribunais);

f) data da publicação: antecedida de vírgula após a editora, sem ponto no milhar e seguida de ponto. Se houver dúvida ou se desconhecer a data, pode-se colocar uma interrogação após uma data provável ou aproximada (ex.: 2002?);

g) expressões latinas: in, apud, op. cit., loc. cit e outras expressões latinas, abreviadas ou não, devem ser sempre destacadas em itálico.

Observações:

Os trabalhos acadêmicos têm como elementos essenciais os seguintes dados: autoria, título e subtítulo (se houver), ano de depósito, tipo de pesquisa (trabalho de conclusão de curso, dissertação, tese etc.), grau de formação (especialização, mestrado, doutorado etc.) e curso entre parênteses, além do vínculo acadêmico, lugar e data de apresentação ou de defesa. Se necessário, acrescentar elementos complementares para melhor identificação do trabalho.

Exemplo

Elementos essenciais:

OLIVEIRA, Jorge Leite de. *Chamados de Assis*: espaços fantásticos do rio mutante na obra machadiana. Tese (Doutorado em Literatura) – Departamento de Teoria Literária e Literaturas, Universidade de Brasília, Brasília, 2016.

Na referência ao nome do autor, recomenda-se uma conduta padrão. Se o pesquisador optar por anotar o prenome do primeiro autor por extenso, os demais também deverão ser citados por extenso. Se for adotada a abreviatura do prenome do primeiro autor, os demais também deverão ser abreviados.

Exemplo

GERALDI, João Wanderley de (ou: GERALDI, J.W. de). *Portos de passagem.* 3. ed. São Paulo: Martins Fontes, 1993.

8.3 Elementos complementares (monografia, livro, folheto etc.)

Esses elementos acrescentam informações que, segundo a norma técnica NBR 6023, expressam melhor as características do documento.

Além dos elementos essenciais supracitados, as referências bibliográficas podem conter os seguintes elementos complementares:

- adaptador;
- compilador;
- *Digital Object Identifier* (DOI);
- dimensões;
- ilustrador;
- ISBN (*International Standard Book Number*);
- número de páginas do livro seguido de espaço e da abreviatura *p*. Só deve ser contada até a última página numerada (Ex.: 180 p.);
- revisor;
- série editorial ou coleção;
- tradutor;
- volume.

Exemplo

Elementos complementares:

OLIVEIRA, Jorge Leite de. *Chamados de Assis*: espaços fantásticos do rio mutante na obra machadiana. Orientador: Sidney Barbosa. 2016. 205 f. il. Tese (Doutorado em Literatura) – Departamento de Teoria Literária e Literaturas, Universidade de Brasília, Brasília, 2016.

8.4 Indicação do responsável

Havendo indicação do responsável pela obra, este deve ser referenciado. Após seu nome, deve constar a abreviatura, entre parênteses, do tipo de sua contribuição: coordenador (Coord.), compilador (Comp.), editor (Ed.), organizador (Org.) etc.

Exemplo

MAGALHÃES, Maria Izabel Santos (Org.) *As múltiplas faces da linguagem*. Brasília: UnB, 1996.

Se o responsável pela obra for uma entidade, esta pode ser indicada por sua sigla.

Exemplo

ABL. *Vocabulário ortográfico da língua portuguesa*. 5. ed. São Paulo: Global, 2009.

8.5 Acréscimos após o título

Podem ser acrescidos, após o título, os responsáveis por ilustração, revisão, tradução etc.

Exemplos

BENVENISTE, Émile. *Problemas de linguística geral I*. Tradução de Maria da Glória Novak e Maria Luísa Neri; revisão de Isaac Nicolau Salum. 4. ed. Campinas: Pontes, 1995.

VICENTINO, Cláudio; DORIGO, Gianpaolo. *História para ensino médio*: história geral e do Brasil. Revisão Cesar G. Sacramento *et al*. São Paulo: Scipione, 2001 (Série Parâmetros).

Observações:

- indicar número do volume, após data e ponto-final, da seguinte forma: v. 2;
- nas notas de rodapé, o alinhamento é sempre feito à margem esquerda e com espaçamento simples na translineação de seus elementos;
- entre cada nova referência, o espaçamento é duplo;
- se não forem encontradas informações sobre o lugar e o editor da publicação, empregar a notação s.l. (sem local) e s.n. (*sine nomine*);
- nome de autor estrangeiro e título da obra devem ser referenciados conforme a ortografia e norma adotada no seu país de origem. Exemplo: GARCÍA MÁRQUEZ, Gabriel. *Crónica de una muerte anunciada*. 36. ed. Buenos Aires: Debolsillo, 2014.

8.6 Localização

A referência pode aparecer totalmente incluída no texto; em nota de rodapé ou de fim do texto e em lista bibliográfica, sinalética ou analítica.

Os resumos e resenhas apresentam a referência da obra resumida ou resenhada no início do texto. Por fim, temos as referências de final de obra, que são ordenadas pelo sobrenome de cada autor e em ordem alfabética.

8.7 Referências de livros

As referências de livros, ordenadas alfabeticamente por sobrenome de autor, obedecem ao disposto no item 8.2. Quando necessário, podem constar alguns elementos complementares já descritos no item 8.3. Confira essas informações com os exemplos ordenados a seguir:

Exemplos

CAMPETTI SOBRINHO, Geraldo. *Como produzir o livro jurídico*: preparação de originais, normalização técnica e acesso à informação. Brasília: Projecto Editorial, 2003. 128 p.

FAULSTICH, Enilde Leite de Jesus. *Como ler, entender e redigir um texto*. 8. ed. Petrópolis: Vozes, 1997. 117 p.

GARCIA, Othon Moacir. *Comunicação em prosa moderna*: aprenda a escrever aprendendo a pensar. 9. ed. Rio de Janeiro: FGV, 1981. 521 p.

LAKATOS, Eva Maria; MARCONI, Marina de Andrade. *Fundamentos de metodologia científica*. 4. ed. rev. e ampl. São Paulo: Atlas, 2001. 288 p.

MEDEIROS, João Bosco. *Redação científica*: a prática de fichamentos, resumos, resenhas. 5. ed. São Paulo: Atlas, 2003. 323 p.

VANOYE, Francis. *Usos da linguagem*: problemas e técnicas na produção oral e escrita. 10. ed. São Paulo: Martins Fontes, 1996. 243 p.

Observações:

As referências acima estão listadas pelo sobrenome do autor e em ordem alfabética. Quando não há identificação de autoria na obra, a entrada é realizada pelo título, cuja primeira palavra significativa é destacada com letras maiúsculas, mantendo-se a sequência alfabética.

O espaçamento entre linhas da mesma referência é simples. Entre uma obra e outra deixar uma linha em branco.

Usar abreviaturas para especificar edição (ed.): atual. (atualizada), ampl. (ampliada), rev. (revista).

Grau de parentesco, tal como Filho, Júnior, Neto e Sobrinho, não é nome principal. Nesse caso deve-se citá-lo após o sobrenome (ex: CAMPETTI SOBRINHO, Geraldo).

Quando houver mais de uma editora de lugares diferentes, cita-se o primeiro lugar que aparece na obra e a editora referente a esse lugar e depois, separado por ponto e vírgula, cita-se o segundo lugar e a respectiva editora (ex: São Paulo: CEAC; Brasília: FEB).

A indicação de que a obra é ilustrada pode ser anotada com a abreviatura il. Quando a obra possui mais de um autor, e até três autores, cita-se o primeiro e, antecedidos de ponto e vírgula, o segundo e o terceiro autores. Se houver mais de três autores, após a referenciação ao primeiro deles, é necessário anotar a expressão et al. (e outros).

É opcional a informação final do número de páginas, quando a obra como um todo for referenciada.

A atualização da norma 6023/2020 eliminou o recuo a partir da segunda linha da referência. Agora, todo alinhamento fica à margem esquerda, sem recuo algum.

Se houver mais de três autores, ou responsáveis, aconselha-se citar todos, embora seja permitido indicar apenas o primeiro, seguido da expressão *et al.*

Exemplo

CRESPO, José Pinto; LEITE, Sílvia; RODRIGUES, Salviano; SOUSA, Carlos; VACCARIA, Gilberto. *A teoria dos mundos habitados e sua comprovação científica em 2050*. Teresina: Imaginação, 2021.

As obras psicografadas devem ter como primeiro elemento o nome do espírito (subitem 8.1.1.7 da NBR 6023/2020).

Exemplo

EMMANUEL (Espírito). *Livro da esperança*. 23. ed. Psicografado por Francisco Cândido Xavier. Uberaba: Comunhão Espírita Cristã, 2017.

Quando a obra for adaptação, o responsável por esse trabalho deve ter seu nome citado primeiramente.

Exemplo

PEREIRA, Antônio. *A volta de Bocage*. [Adaptado da obra de] Manuel Maria Barbosa du Bocage. Atenas: Utopia, 2021.

8.8 Referências de parte de uma obra

Duas situações são possíveis em tais casos:

Situação 1

Capítulo extraído de um livro totalmente escrito por um ou por vários autores.

a) nome do autor do capítulo: a entrada do nome é pelo sobrenome, considerado nome principal;

b) título do capítulo: não deve ser destacado;

c) expressão latina "*In*" seguida de dois pontos e o nome do autor do livro.

d) título do livro: destacado em itálico;

e) subtítulo da obra: sem destaque, antecedido de dois pontos;

f) obras traduzidas: indicação opcional de tradutor;

g) cidade em que o livro foi publicado: seguida de dois pontos;

h) nome da editora: seguido de vírgula. Deve ser o mais abreviado possível, excluindo-se complementos como Companhia ou Cia., Ltda., S.A., Editora, entre outras;

i) ano em que a obra foi publicada: com todos os algarismos;

j) intervalo das páginas consultadas do capítulo: separadas por hífen.

Exemplo

VANOYE, Francis. Os sistemas de significação. *In*: VANOYE, Francis. *Usos da linguagem*: problemas e técnicas na produção oral e escrita. Trad. e adapt. Clarice Madureira Saboia *et al*. 10. ed. São Paulo: Martins Fontes, 1996. p. 197-211.

Situação 2

Capítulo redigido por autor(es) extraído de livro organizado ou compilado por outro(s) autor(es):

a) nomes dos autores do capítulo: a entrada do nome é dada pelo sobrenome, considerado nome principal; a separação de um nome do outro é realizada por ponto e vírgula;

b) título do capítulo: não deve ser destacado;

c) expressão latina "*In*": seguida de dois pontos;

d) nome do(a) autor(a), organizador(a), compilador(a) ou coordenador(a) do livro: quando o crédito não for de autoria, mas sim de organização, compilação ou coordenação, inclui-se entre parênteses, logo após o nome, a abreviatura correspondente à função. Esta deve ser iniciada por maiúscula: (Org.); (Comp.); (Coord.);

e) título do livro: destacado em itálico;

f) cidade em que o livro foi publicado: seguida de dois pontos;

g) nome da editora: seguido de vírgula;

h) ano em que a obra foi publicada;

i) número do volume: apenas para obras em mais de um volume;

j) intervalo das páginas do capítulo: iniciais e finais, separadas por hífen.

Exemplo

BORTONI, Stella Maris. Variação linguística e atividades de letramento em sala de aula. *In*: KLEIMAN, Ângela Bustus (Org.). *Os significados do letramento*: uma nova perspectiva sobre a prática social da escrita. Campinas, SP: Mercado de Letras, 1995. p. 119-144.

8.9 Publicação periódica (revistas e jornais)

Ao referenciar um periódico como um todo tem-se duas alternativas: (i) registrar a coleção inteira; (ii) registrar cada fascículo, suplemento ou número especial que compõe a coleção.

8.10 Coleção (periódico considerado no todo)

a) elementos essenciais (título, lugar de publicação, editora, datas de início e de encerramento da publicação, se houver):

Exemplo

REVISTA BRASILEIRA DE GEOGRAFIA. Rio de Janeiro: IBGE, 1939;

b) elementos complementares podem ser incluídos, para melhor identificação do documento.

Exemplo

REVISTA BRASILEIRA DE GEOGRAFIA. Rio de Janeiro: IBGE, 1939. Trimestral. Absorveu Boletim Geográfico do IBGE. Índice acumulado, 1939 1983. ISSN 0034-723X.

8.11 Partes de revista ou fascículos (periódicos considerados em parte)

Exemplo 1

DINHEIRO: São Paulo: Três, n. 148, 28 jun. 2000.

Se necessários para identificação do periódico, incluir dados complementares:

Exemplo 2

DINHEIRO: revista semanal de negócios. São Paulo: Três, n. 148, 28 jun. 2000. 98 p.

8.12 Referências a artigos de periódicos impressos

A seguir, citamos os elementos essenciais das referências de artigos de periódicos.

8.12.1. Artigo de revistas

a) autor do artigo: sobrenome em caixa alta, nome, ponto;

b) título do artigo, ponto;

c) título do periódico sublinhado ou em itálico ou em negrito, vírgula;

d) lugar da publicação, vírgula;

e) número do volume e/ou ano, vírgula;

f) número do fascículo ou número, vírgula;

g) páginas inicial e final do artigo referenciado, vírgula;

h) data do volume ou fascículo, com as três primeiras letras do mês de publicação, ponto, ano e ponto.

Exemplos

BESSA, Cristiane Rascoe. O ensino da tradução: há uma metodologia eficaz? *Horizontes de Linguística Aplicada*, Brasília, ano 2, n. 1, p. 117-128, jul. 2003.

TERRON, Paulo. Maratona segundo Vanderlei. *UM*: universo masculino, São Paulo, ano 1, n. 2, p. 118-120, dez. 2004.

8.12.2. Artigo de jornais

a) autor do artigo (se houver): sobrenome em caixa alta, nome, ponto;

b) título do artigo, ponto;

c) título do jornal sublinhado ou em itálico ou em negrito, vírgula;

d) lugar da publicação, vírgula;

e) data com dia, mês e ano, ponto;

f) número ou título do caderno, seção, suplemento, encarte etc., vírgula;

g) páginas do artigo referenciado, ponto.

Exemplos

CERATTI, Mariana. Caminhada pela paz. Correio Braziliense, Brasília, 23 jan. 2005. Cidades, p. 25.

TISSIANI, Cadija. Corpo são, mente sã. Correio Braziliense. Brasília, 23 jan. 2005. Encarte D revista, p. 16-17.

Quando inexistir seção, caderno ou parte, a paginação da matéria ou artigo precederá a data.

Exemplo

CAMPBELL, Ullisses. O bicho-papão do português. Correio Braziliense, Brasília, p. 18, 25 jul. 2004.

Se o artigo não possuir o nome do autor, a entrada será dada pelo título, com a primeira palavra significativa em caixa alta.

Exemplo

COMUNICAÇÃO e trabalho voluntário. Diário da Manhã. Goiânia, p. 12, 1.º jul. 2002.

8.13 Referências em meio eletrônico

Monografia, livros, folhetos e pesquisas acadêmicas, em meio eletrônico ou digital (DC-ROM, disquetes, DVD, *pen drive*, *online*, blog, *E-book* etc.) devem observar os padrões indicados nesta seção, com acréscimo da descrição do meio eletrônico ou digital utilizado no trabalho. Se necessário, acrescentar horário, o número do *Digital Object Identifier* (DOI) sistema (padrão) usado para identificar documentos digitais em redes de computador etc.

Exemplo 1

XAVIER, Francisco Cândido. *Pinga fogo com Chico Xavier*. 4. ed. São Paulo: Edicel, 1987. DVD.

Exemplo 2

OLIVEIRA, Jorge Leite de. *Em dia com o machado 456*: preservação textual e mudança diacrônica da língua. Disponível em: https://www.jojorgeleite.blogspot.com. Postado em 01 fev. 2021. Acesso em 07 mar. 2021. Blog Jorge, o sonhador.

8.13.1 Vídeos ou DVD (elementos essenciais)

a) título, ponto;

b) diretor, produtor, realizador, roteirista e outros, separados por ponto;

c) lugar, dois pontos;

d) produtora, vírgula;

e) ano, ponto;

f) especificação do suporte em unidades físicas, duração entre parênteses abreviada, ponto.

Exemplo

DISTÚRBIO de ansiedade. Produção de Álvaro Cornetto. Piauí: VIRACER, 1983. 1 videocassete.

8.13.2 CD-ROM

a) sobrenome, vírgula, nome do autor, ponto (se não houver, palavra(s) mais importante(s) do título em caixa alta);

b) título, ponto;

c) lugar, dois pontos;

d) editora, vírgula;

e) data e/ou ano, ponto;

f) especificação do suporte em unidades físicas, ponto.

Exemplo

HISTÓRIA GERAL. Produção do Centro Difusor de Cultura Ltda. Belo Horizonte: CEDIC, 2000. 1. CD.

8.13.3 CD (inclusive disco, cassete etc.)

a) compositor(es);

b) título da música;

c) expressão "Intérprete": mais nome do cantor;

d) expressão *In*: seguida do nome do cantor em caixa alta e do título, em negrito, do CD;

e) lugar;

f) gravadora ou equivalente;

g) ano;

h) especificação do suporte;

i) faixa (quando citado em parte).

Exemplo

MIRANDA, Roberta. Majestade o sabiá. Intérpretes: Chitãozinho e Xororó. Participação especial: Jair Rodrigues. *In:* CHITÃOZINHO & XORORÓ. Raízes sertanejas. São Paulo: EMI Music Ltda. 1998. 1 CD. Faixa n° 20.

8.13.4 Consultas online

Quando se tratar de obras consultadas *online*, são essenciais as informações sobre o endereço eletrônico precedidas de "Disponível em" e a data de acesso ao documento, precedida da expressão "Acesso em".

Exemplo 1

Disponível em:

BOAVENTURA, E.M. Memorial. Disponível em: http:// www. edivaldo. pro.br/memorial.html. Acesso em: 26 jun. 2003.

Exemplo 2

Acesso em:

Gabarito simulado de Geografia. Disponível em: http://www. sigma. g12.br. Acesso em 23 set. 2003.

8.13.5 E-mail

a) sobrenome em caixa alta, nome do autor, ponto;

b) assunto da mensagem em itálico, ou negrito, ou sublinhado;

c) entre chaves o tipo da mensagem, ponto;

d) informação de mensagem recebida seguida do endereço eletrônico;

e) data do recebimento, dia, mês e ano, ponto.

Exemplo

MOTA, Warwick. E.G. *A livraria* (mensagem pessoal). Mensagem recebida por jojorgeleite@gmail.com. Em: 30 nov. 2004.

8.13.6 Artigos de revista, boletim etc. publicados em meio eletrônico

As informações abaixo devem ser referenciadas sempre que constarem no artigo.

a) sobrenome em caixa alta, nome do autor, ponto;

b) título do artigo, ponto;

c) título do periódico: sublinha, ou itálico, ou negrito, vírgula;

d) lugar da publicação, vírgula;

e) editor da publicação, vírgula;

f) número de volume ou ano, vírgula;

g) número do fascículo, vírgula;

h) data do volume ou fascículo: meses abreviados com as três primeiras letras, ano, ponto;

i) páginas inicial e final do artigo referenciado, vírgula;

j) informações sobre o endereço eletrônico, precedido da expressão: "Disponível em";

k) data de acesso ao documento, precedida da expressão "Acesso em".

Exemplo

MENGOZZI, F. Poder feminino. *Criativa*, Rio de Janeiro, Juan Ocerin, n. 190, fev. 2005. Disponível em: http://www.globo.com.br 062. Acesso em 16 fev. 2005.

8.13.7 Lista de discussão

a) sobrenome em caixa alta, nome do autor, ponto;

b) título do assunto (se houver), sublinhado, ou itálico ou negrito, ponto;

c) nome da lista (se houver), ponto;

d) disponível em: endereço da lista, ponto;

e) data de acesso, dia, mês e ano, ponto.

Exemplo

SAKUDA, L.O. **Estratégias de empresas brasileiras**. SAKUDA. Disponível em: www.sakuda.com. Acesso em 16 fev. 2005.

8.14 Ferramentas úteis na elaboração de citações e referências

A internet disponibiliza algumas ferramentas muito úteis que auxiliam o pesquisador na elaboração de pesquisas. São elas:

a) Google Acadêmico

O botão citar disponibiliza a referência completa do documento, nos formatos APA, MLA e ABNT e permite exportar para alguns gerenciadores de referências quais sejam: BibText, EndNote, RefMan e RefWorks.

b) More

Essa é outra ferramenta gratuita e de fácil uso, que produz automaticamente citações no texto e referências no formato ABNT, para quinze diversos tipos de documentos: dicionários, livros, enciclopédias, dissertações, teses, artigos de revistas, artigos de jornais, nos formatos impresso e eletrônico, além dos documentos exclusivos em meio eletrônico como *home-page* e *e-mail*.

9 TEXTOS ACADÊMICOS

Neste capítulo, abordaremos e exemplificaremos quatro tipos básicos de trabalhos acadêmicos: a monografia, o artigo, o ensaio e o projeto de pesquisa.

9.1 Monografia

Designamos por monografia qualquer trabalho acadêmico, seja ele de graduação ou de pós-graduação. Na graduação, além das monografias solicitadas pelos professores, nos diversos semestres de um curso, podemos encontrar o trabalho de conclusão de curso (TCC), a dissertação de mestrado ou a tese de doutorado.

9.1.1 Informações gerais

O objetivo desta seção é explicar, de uma forma prática e simples, como se elabora a monografia. Para tal propósito nos valemos predominantemente da NBR 14724, publicada pela Associação Brasileira de Normas Técnicas (ABNT), com as orientações básicas destinadas a esclarecer-nos sobre a informação, documentação e apresentação dos trabalhos acadêmicos. Outras normas relacionadas à supracitada também servirão de base à presente discussão.

A ABNT, que, de 2002 a 2023, atualizou suas normas referentes a pesquisas acadêmicas, esclarece que, de acordo com o processo chamado de *revisão sistemática*, a cada cinco anos, todas essas normas técnicas deverão ser revistas, em obediência a princípios internacionais. Isso significa que, após essa data, os trabalhos acadêmicos devem se adequar às normas revisadas quando for o caso.

Não perca de vista que cada etapa do processo de pesquisa objetiva tentar responder ao problema proposto, cujo mérito científico-social não pode ser desprezado. Esse será o objetivo principal do trabalho, ao qual se poderão juntar outros secundários.

Evite transcrições textuais em demasia, mesmo que, nesses casos, seja obrigatória a citação das referências correspondentes. Procure expor o conteúdo originado das leituras feitas com suas próprias palavras. Isso não lhe dispensa de citar o autor, quando essa ideia for parafraseada de texto daquele. Elementos básicos à formatação do trabalho.

A NBR 14724 da ABNT, item 5, estabelece as regras gerais de apresentação dos trabalhos acadêmicos, conforme abaixo especificado:

- papel: deve ser branco ou reciclado, do tipo A4 (21 cm x 29,7 cm);
- digitação: cor preta, admitindo-se outras cores nas ilustrações;
- tamanho da fonte: 12; e tamanho menor uniforme para citações com mais de três linhas, notas de rodapé, paginação legendas de ilustrações e tabelas;
- tipo de fonte: embora a norma atual não faça referência ao tipo de letra, pode-se optar pelo tipo *Arial* ou *Times New Roman*, caso não se defina uma letra específica, mas é importante que a forma de letra seja padronizada em todo o trabalho de pesquisa por uma questão de estética;

- margens: frente da folha: esquerda e superior com 3 cm, direita e inferior com 2 cm; verso da folha: esquerda e inferior com 2 cm, direita e superior com 3 cm;
- recuo de parágrafo: o parágrafo, usualmente, deve ter início a 1 cm da margem esquerda;
- citações: as citações de até três linhas são colocadas entre aspas no mesmo parágrafo que as cita; quando contiverem mais de três linhas devem ficar afastadas 4 cm da margem esquerda e ter o tamanho de letra menor;
- folhas de rosto e de aprovação: a natureza do trabalho, o objetivo, nome da instituição a que é submetida e a área de concentração devem ser alinhados do meio da mancha para a margem direita;
- entrelinhas: ressalvado o disposto abaixo, todo o texto deve ser digitado com entrelinhas de 1,5 cm;
- referências: devem ser separadas por apenas um espaço simples em branco; citações de mais de três linhas; ficha catalográfica; legendas das ilustrações e tabelas; notas de rodapé; natureza e objetivo do trabalho, área de concentração e nome da instituição a que é submetido devem ser digitados com entrelinhas simples;
- separam-se os títulos das subseções do texto que os precede ou que os sucede por duas entrelinhas de 1,5 cm;
- paginação: se o texto for digitado ou datilografado somente na frente (anverso) das folhas, as páginas devem ser contadas sequencialmente, a partir da folha de rosto, mas não numeradas até aí. A numeração é colocada, em algarismos arábicos, no canto superior direito, a partir da primeira folha da parte textual, ou seja, da introdução, a 2 cm da borda superior direita.

Entretanto, se a monografia for digitada na frente e no verso da folha, a numeração deve ser feita na frente, canto superior direito, e no verso, canto superior esquerdo das páginas, também a 2 cm da parte superior. A sequência da numeração é única, seja o trabalho constituído de um ou mais volumes, incluindo, nessa ordem, os números de apêndices e anexos;

- notas de rodapé: devem ser digitadas dentro das margens do texto, separadas deste por espaço simples de entrelinhas e com filete de 3 cm a partir da margem esquerda;
- títulos sem indicativo numérico: de acordo com a NBR 6024/ ABNT, errata, agradecimentos, lista de ilustrações, lista de abreviaturas e siglas, lista de símbolos, resumos, sumário, referências, glossário, apêndices, anexos e índices devem ser centralizados;
- títulos com indicativo numérico: devem ser alinhados à esquerda e precedidos por seu número em algarismo arábico e dele separado por um espaço de caractere;
- destacam-se gradativamente os títulos das seções, com o uso da caixa alta e negrito (ex.: 1 INTRODUÇÃO; 2 COMO ENSINAR); já as subseções podem ser destacadas somente com o negrito e apenas a inicial da primeira palavra maiúscula (ex.: 2.1 O ensino é uma arte). Também quando esses títulos e subtítulos forem relacionados no sumário devem ser negritados;
- títulos de seções primárias, ou seja, que iniciam capítulos, devem ter início em nova folha;
- numeração das seções: a numeração das seções (divisões do texto em títulos e subtítulos) não deve ultrapassar a divisão quinária (ex.: 12.9.9.10.6), em que, após a representação da seção primária com o primeiro número (12), cada ponto seguido de

número representa outra seção: secundária, terciária, quaternária e quinária);

- não deve ser utilizado ponto ou qualquer outro sinal após o número da seção, bem como do seu título ou subtítulo (ex.: 2 **RESUMO**; 2.1 **Síntese**);
- siglas: quando aparecem pela primeira vez no texto, a forma completa do nome precede a sigla, que é, em seguida, colocada entre parênteses. Depois disso, basta escrever a sigla nas demais citações (ex.: Universidade Estadual da Bahia (UNEB);
- ilustrações: qualquer forma de ilustração, antecedida de sua designação (desenho, esquema, gráfico, mapa, organograma, planta, figura, quadro, imagem, retrato etc.), deve ser identificada, na parte superior, acompanhada de número de ordem sequencial no texto, em algarismos arábicos, travessão e título. No final da ilustração, é obrigatória a citação da fonte de consulta, mesmo que a produção seja do autor do trabalho, além de legenda, notas e demais informações necessárias à compreensão do leitor. Citar a ilustração no texto e inseri-la com a proximidade possível ao trecho de sua referência;
- tabelas: recomenda-se consultar as normas de apresentação tabular do Instituto Brasileiro de Geografia e Estatística (IBGE).

Os dados *pré-textuais* devem constar na frente (anverso) da folha, exceto dados da ficha catalográfica, que figurarão no verso conforme dispõe o Código de Catalogação Anglo-Americano em vigor.

A novidade é que a NBR 14724, da ABNT, *recomenda* a impressão textual na frente e no verso das folhas tanto dos dados *textuais* como dos *pós-textuais* da monografia.

9.1.2 Disposição dos elementos

Com o objetivo de tornar mais prática a elaboração de qualquer monografia, vamos dispor, primeiramente, os elementos textuais obrigatórios, sejam eles pré-textuais ou pós-textuais. Os textuais, todos obrigatórios, são a introdução, o desenvolvimento e a conclusão do trabalho. Em geral, não se escreve a palavra *desenvolvimento* no trabalho. Temos a introdução e, em seguida, as divisões em capítulos do desenvolvimento. Ao término deste, surge a conclusão decorrente das ideias anteriormente explanadas.

9.1.3 Elementos pré-textuais obrigatórios

Os elementos pré-textuais obrigatórios são os seguintes: capa, folha de rosto, folha de aprovação, resumos em língua vernácula e em língua estrangeira e sumário. A seguir, informaremos sobre cada um desses elementos.

9.1.3.1 Capa (elemento externo)

O conteúdo da capa é o seguinte:

a) nome da instituição (opcional);

b) nome do autor;

c) título claro e preciso, que possibilite indexar e recuperar a informação do trabalho;

d) subtítulo (se houver) antecedido de dois pontos após o título;

e) lugar da instituição;

f) ano da entrega (também denominada depósito);

g) se houver mais de um volume, cada capa deve especificar o número respectivo, após o título ou subtítulo do trabalho.

Observações:

O tamanho das letras do título, subtítulo e seus tipos devem ser os mesmos utilizados textualmente na monografia, ou seja, tamanho 12 e letras de tipo padronizado.

O título deve ser digitado na cor preta, negritado, em caixa alta e centralizado.

O subtítulo pode ser destacado apenas com o negrito ou caixa alta e ficar abaixo do título.

Demais nomenclaturas da capa podem ser destacadas em caixa alta e negrito, centralizadas ou alinhadas à esquerda.

A lombada é opcional e sua apresentação obedece ao disposto na ABNT NBR 12225.

Quadro 4: modelo de capa

a) **UNIVERSIDADE ESTADUAL DA BAHIA**
CAMPUS II - ALAGOINHA

b) **FÊNIX NASCIMENTO**

c) **CONSEQUÊNCIAS DO FUMO:**
d) ESTUDO DOS EFEITOS PROVOCADOS PELO CIGARRO NOS PULMÕES

e) **ALAGOINHAS, BA**
f) 2021

Fonte: elaboração própria.

9.1.3.2 Folha de rosto

A folha de rosto é a única folha da monografia que contém anverso e verso. O anverso (frente) deve conter os seguintes dados:

a) nome do autor do trabalho;

b) título claro e preciso, que identifique o conteúdo monográfico;

c) subtítulo (se houver) seguindo o título e após dois pontos;

d) natureza do trabalho: trabalho de conclusão de curso ou dissertação de mestrado, tese de doutorado etc.; objetivo da pesquisa; nome da instituição da entrega (depósito); e área de concentração (A ABNT NRB 14724:2011 não especifica recuo diferente para essa parte, embora seja usual seu alinhadamento à margem esquerda.);

e) nome do orientador;

f) lugar da instituição de apresentação;

g) ano da entrega;

h) se houver mais de um volume, cada folha de rosto deve especificar o número respectivo.

Quadro 5: modelo de anverso da folha de rosto

a) **FÊNIX NASCIMENTO**

b) **CONSEQUÊNCIAS DO FUMO:**

c) ESTUDO DOS EFEITOS PROVOCADOS PELO CIGARRO NOS PULMÕES

d) Trabalho de conclusão de curso apresentado ao Programa de Pós-Grad. em Crítica Cultural da UNEB, Campus II – Alagoinhas, como requisito final à obtenção do mestrado em letras.

e) Orientadora: Prof.ª Jacinta de Alcatrão

f) **ALAGOINHAS, BA**

g) **2021**

Fonte: elaboração própria.

No verso da folha de rosto deve constar a ficha catalográfica com o código de catalogação anglo-americano em vigor. Recomenda-se a orientação de um bibliotecário para a sua elaboração.

Quadro 6: modelo de verso da folha de rosto

Nascimento, Fênix.

Consequências do fumo: estudo dos efeitos provocados pelo cigarro no sistema nervoso central / Fênix Nascimento. – Alagoinhas, BA, 2021.

75 f. : il.

Monografia (Graduação em Letras) – Programa de Pós-Grad. em Crítica Cultural da UNEB, Campus II – Alagoinhas, 2021.

Monografia – Normalização. I. Título.

CDU XXX.X

Fonte: elaboração própria.

9.1.3.4 Folha de aprovação

A folha de aprovação vem em seguida à folha de rosto. Ela deve conter:

a) nome do autor do trabalho;

b) título do trabalho e subtítulo (se houver);

c) natureza; objetivo; nome da instituição em que será apresentado; área de concentração;

d) data de aprovação (com previsão de preenchimento após aprovado o trabalho);

e) títulos, nomes e assinaturas dos membros da banca examinadora.

Quadro 7: modelo de folha de aprovação

a) **FÊNIX NASCIMENTO**

b) **CONSEQUÊNCIAS DO FUMO:**

c) ESTUDO DOS EFEITOS PROVOCADOS PELO CIGARRO NOS PULMÕES

d) Trabalho de conclusão de curso apresentado como requisito final ao Programa de Pós-Grad. em Crítica Cultural da UNEB, Campus II – Alagoinhas, visando à obtenção do mestrado em Letras.

BANCA EXAMINADORA

Data da aprovação:_____/_____2021.

(Nome dos professores que compõem a banca antecedidos de linha acima, para sua assinatura.)

_____

Prof.ª. Dr.ª Jacinta de Alcatrão (Orientadora) – UNEB

_____

Prof. Dr. Phulmus Nocivus de Albuquerque – UNEB

_____

Prof. Dr. Nicotinus Nonsense - UNEB

Fonte: elaboração própria (nomes fictícios).

9.1.3.5 Resumo

Após a folha de aprovação, vêm as duas folhas destinadas aos resumos: o primeiro deve ser feito em língua vernácula, em parágrafo único; o segundo, em língua estrangeira, também em parágrafo único. Ambos devem ser apresentados em folha distinta e em conformidade com a NBR 6028.

Para a elaboração do resumo deve ser consultada a seção 'Resumo informativo', do capítulo RESUMO desta obra. É importante observar que as monografias, teses e dissertações devem ter um limite mínimo de 150 e máximo de 500 palavras em seus resumos. Ao final do resumo devem ser colocadas as palavras-chave que indicam as principais informações do trabalho, de acordo com o contido na norma citada acima.

9.1.4 Elementos pré-textuais opcionais

Os elementos pré-textuais opcionais são os seguintes: lombada; errata; dedicatória(s); agradecimento(s); epígrafe; lista de ilustrações; lista de tabelas; lista de abreviaturas e siglas; e lista de símbolos.

9.1.5 Elementos textuais

Os elementos textuais formam o corpo do trabalho propriamente dito. São a introdução, o desenvolvimento e a conclusão. Devem estar ordenados de modo harmonioso e lógico. Na introdução, como especifica a NBR 14724, deve constar a delimitação do tema, os objetivos do trabalho e outras informações necessárias para o leitor entender qual problema vai ser abordado pelo autor do trabalho e de que modo isso será feito.

Ainda que a introdução seja modificada no final da obra, concordamos com Umberto Eco (2003, p. 83) em que ela já deve ser esboçada desde o início da monografia, pois aí é que são tratadas as linhas mestras do trabalho. No decorrer do desenvolvimento, muitas vezes surgem novas ideias ao seu autor, outras são modificadas e outras ainda são consideradas impraticáveis, seja por serem consideradas muito abrangentes, seja por não oferecerem uma resposta adequada ao problema levantado, ou ainda por outros motivos. Mesmo assim, todas as pesquisas devem ser anotadas em fichas de leitura, com os dados referenciais completos. Esse procedimento, além de auxiliar o autor da monografia na elaboração de suas próprias ideias, também servirá de base para a anotação final das referências.

Em seguida, iniciam-se os capítulos do desenvolvimento, base do trabalho, que devem estar bem ordenados com seus títulos e subtítulos que compõem as seções e subseções da obra. Nessa parte do trabalho é muito importante recomendar alguns procedimentos que evitam problemas com os avaliadores e leitores da monografia. Primeiramente, ao proceder ao fichamento dos assuntos lidos, que pode ser feito em fichas pautadas de diversos tamanhos, adquiridas em papelaria ou pela internet, é muito importante observar as normas técnicas de transcrição literal, para que seu texto não seja considerado plágio do texto original. Procure parafrasear, ou seja, repetir com suas próprias palavras as informações do autor. Evite longas transcrições e, mesmo que as citações sejam indiretas, ao reproduzir o pensamento alheio, não deixe de citar seu autor. Cite, de preferência, além do ano, o número da página da obra em que se encontram as noções que serviram de inspiração à sua referência. Não se esqueça de anotar os dados autorais completos nas referências, ao final de cada ficha preparada.

A conclusão da monografia deve sintetizar as ideias básicas relacionadas ao tema. É muito importante que, nesse ponto, o problema proposto na introdução seja respondido de modo objetivo e satisfatório. As contribuições proporcionadas pelo trabalho também devem ser expostas.

9.1.6 Elemento pós-textual obrigatório

Assim como fizemos com relação aos elementos pré-textuais, vamos citar o único elemento pós-textual obrigatório: as referências, que deverão ser observadas no capítulo sétimo deste manual.

9.1.7 Elementos pós-textuais opcionais

Os últimos elementos pós-textuais são também opcionais. Dispostos em seguida às referências, são os seguintes: anexo(s), apêndice(s), glossário, e índice(s).

9.1.7.1 Anexo(s)

Os anexos são documentos não elaborados pelo autor, mas que se destinam a ilustrar, documentar, comprovar as ideias expostas no texto. É um material julgado relevante para melhor compreensão do trabalho. Sua indicação é feita por meio da palavra ANEXO, seguida da letra maiúscula em sequência alfabética mais travessão e título do anexo.

Exemplos:

ANEXO A — Relatório médico sobre males do fumo.

ANEXO B — Relação de medicamentos antitabagismo etc.

Se as 26 letras do alfabeto forem esgotadas, passa-se, em seguida, a utilizá-las dobradas.

Folha de indicação com o título ANEXO centralizado acima da relação de anexos, com margem uniforme à esquerda.

Quadro 8: exemplo de folha de anexos

ANEXOS
ANEXO A – LEI N.º 9.507, DE 12 DE NOVEMBRO DE 1997.
ANEXO B – Lei N.º 9.610, DE 19 DE FEVEREIRO DE 1998.

Fonte: elaboração própria.

9.1.7.2 Apêndice(s)

Os apêndices são textos elaborados pelo autor da pesquisa, mas não incluídos diretamente no corpo do trabalho. Sua indicação é feita por meio da palavra apêndice seguida da letra maiúscula em sequência alfabética mais travessão e título do apêndice. Se as 23 letras do alfabeto forem esgotadas, passa-se a utilizá-las dobradas em seguida. Após a folha de indicação, com o título APÊNDICE(S) centralizado(s) e sua relação abaixo, margeada pela esquerda, seguem-se os apêndices.

Quadro 9: exemplo de folha de apêndice

APÊNDICES
APÊNDICE A – QUESTIONÁRIO DE ENTREVISTA
APÊNDICE B – FICHAS DE LEITURA
....
....

Fonte: elaboração própria.

9.1.7.3 Glossário

O glossário deve ser preparado na ordem alfabética das palavras ou expressões técnicas utilizadas na monografia, acompanhadas de suas definições. O título é centralizado em caixa alta.

9.1.7.4 Índice

Conforme foi informado em 4.4.1, no final do capítulo sobre o sumário, embora sendo elemento opcional, o índice é de extrema utilidade na indicação dos tópicos, em especial de uma obra de grande extensão. Constitui-se da relação, ordenada alfabeticamente, das palavras ou frases, com sua remissão à página correspondente no trabalho. Sua elaboração obedece ao disposto na NBR 6034, da ABNT. Sua apresentação é feita em folha com a palavra ÍNDICE centralizada e em caixa alta.

9.2 Artigo

Artigos técnicos-científicos são resultados de pesquisas com análise de resultados exigidos por uma organização pública ou privada, em geral universidades. Têm a estrutura de cinco a dez páginas, mas o número de páginas varia bastante de uma instituição a outra, dependendo dos objetivos, natureza do assunto, espaço para publicação e outros critérios propostos. Devem ter por base a análise coerente de ideias, teorias, abordagens e resultados obtidos por outros cientistas, teóricos ou pesquisadores.

Em sua elaboração, deve-se atentar, de início, à escolha do tema e à definição de um problema a ser investigado. Em seguida, é necessário estabelecer-se os objetivos a serem alcançados. Nunca se deve esquecer da necessidade de citar as fontes de pesquisa em conformidade com as normas técnicas (NBR 10520 e 6023 da ABNT).

Segundo Medeiros (2003, p. 243), o artigo científico dispõe sobre assuntos dessa área do conhecimento, em texto de pequeno tamanho. Sua estrutura é constituída pelo título, nome do autor, suas credenciais, lugar das atividades, resumo em português e em língua estrangeira (o que nem sempre se exige) e uma estrutura típica de uma dissertação mais longa, com introdução, desenvolvimento e conclusão. No final, devem constar as referências (autores e obras pesquisados, devendo ser citados, no corpo do trabalho, pelo sistema autor-data informado em 7.5). Se houver, acrescentar anexos e/ou apêndices, dos quais também há modelos no presente manual. O conteúdo pode ser de temas pesquisados com cunho científico.

9.2.1 *Estrutura geral*

Sua ordenação deve ser coerente com os elementos e conteúdo ao longo da redação geral, objetiva e subjetiva do trabalho.

O artigo possui, tal como a monografia, seus elementos pré-textuais, textuais e pós-textuais, com seus componentes subdivididos de acordo com o quadro abaixo.

Quadro 10: divisão de um artigo científico

Partes	*Elementos*
Pré-textuais	• título (centralizado);
	• subtítulo (se houver, abaixo do título e antecedido por dois pontos);
	• autoria
	• credenciais da autoria (breve currículo em nota de rodapé da página inicial)
	• resumo;
	• palavras-chave;
	• *abstract* (opcional);
	• *key words* (opcional).
Textuais	• introdução;
	• desenvolvimento;
	• conclusão.
Pós-textuais	• referências (obrigatório);
	• glossário (opcional);
	• anexo(s) (opcional);
	• apêndices (opcional);

Fonte: elaboração própria.

Cada uma dessas partes e seus respectivos elementos são importantes na estrutura do artigo, expondo informações, dados e análises essenciais à compreensão da pesquisa e de seus resultados. Os elementos opcionais são o(s) anexo(s), apêndices e glossário.

9.2.2 Elementos pré-textuais

Sua redação obedece aos mesmos critérios estabelecidos para a monografia, ou seja, letra tamanho 12, tipo *Times New Roman* ou *Arial*, entrelinhas de 1,5 cm e margens esquerda e superior com 3 cm e direita e inferior com 2 cm. Se houver glossário, apêndice(s) e, ou anexo(s), eles devem ser indicados também como na monografia.

Escolha um título atraente e objetivo, mas se for preciso detalhá-lo, sem que ele se torne longo demais, inclua, após dois pontos, o seu subtítulo para inclusão das informações relevantes, necessárias a melhorar a compreensão do tema. Embora vários autores sugiram a escolha do título e, se for o caso, do subtítulo após iniciada a pesquisa de um tema, somos dos que optam por escolhê-lo desde o início, a partir das fontes de pesquisa disponíveis. Mais tarde, se for necessário, fazemos as modificações necessárias para adequá-lo melhor ao tema.

As credenciais da autoria costumam vir em seguida ao título, embora a norma atual indique sua colocação em rodapé ou até mesmo no final do artigo. Nelas deve constar o nome da instituição onde leciona ou trabalha o autor, bem como sua titulação. Quando há mais de um autor, o autor principal deve ter seu nome na frente dos demais.

O resumo é uma síntese dos principais assuntos abordados no artigo. Não deve ultrapassar, de acordo com a norma atual, 250 palavras. Expõe os objetivos do trabalho, sua metodologia e a análise de resultados (nas pesquisas de campo) ou ideias essenciais. Conclui com as considerações finais do(s) autor(es). Deve atender ao contido na NBR 6028, da ABNT.

Abaixo do resumo, devem ser citadas de três a seis palavras-chave, retiradas das ideias principais do artigo, que podem ser simples ou compostas e separadas entre si por ponto e vírgula.

Embora nem sempre exigido em trabalhos acadêmicos, o artigo científico publicado em periódicos especializados de grande penetração nos centros científicos inclui, após o resumo, o *Abstract* e respectivas *Keywords*, quando se verte o resumo para o inglês; *Resumen* e *Palabras clave*, se a versão for em espanhol e *Résumé* e *Mots-clés*, se em francês, por exemplo.

9.2.3 Elementos textuais

Os elementos textuais compõem-se das três partes básicas do artigo: introdução, desenvolvimento e conclusão (ou considerações finais). Tal como qualquer outro trabalho científico, o trabalho deve ser claro, objetivo e coerente.

A introdução deve expor genericamente o tema, os objetivos, a relevância do trabalho e os argumentos que justifiquem a pesquisa. Deve proporcionar o interesse suficiente ao leitor, para que este seja motivado a ler o artigo. Também a estrutura e a metodologia utilizados podem ser expostos de início. Em artigo com cerca de dez páginas, propomos que essa primeira parte não deve ultrapassar duas páginas.

O desenvolvimento é, obviamente, a parte mais extensa da obra. Nele são trabalhados, com profundidade (não confundir com prolixidade), os conteúdos pesquisados e analisados, as teorias que dão base ao tema (fundamentos teóricos), o relato dos casos e a análise dos estudos apresentados. Seus diversos parágrafos devem concatenar-se de modo coerente, claro e coeso. Os aspectos relacionados à criatividade, à concisão e à correção gramatical não devem ser menosprezados. Pode-se subdividir o tema em seções e subseções. Não se deve escrever, nessa parte, "desenvolvimento" e, sim, o título geral e sua subdivisão quando for o caso.

A conclusão ou considerações finais deve ser objetiva. Em artigo de dez páginas, sugerimos ter até, no máximo duas, como a introdução. É preciso usar o bom-senso para limitar-se, na parte final do artigo, a expor sinteticamente as informações predominantes do trabalho e as considerações decorrentes da análise efetuada. Pode-se, ainda, procurar interessar os leitores no aprofundamento do tema e propor soluções para os problemas persistentes.

9.2.4 Elementos pós-textuais

Os elementos pós-textuais do artigo, segundo a NBR 6022 da ABNT, são os seguintes: notas explicativas, referências, glossário, apêndice(s) e anexo(s), cuja elaboração obedece aos critérios normativos. A norma atual inclui o título e subtítulo (se houver), o resumo e suas palavras-chave nas línguas portuguesa e estrangeira. Como citamos antes, na prática, esses últimos elementos vêm sendo utilizados no início do artigo, após as palavras-chave do resumo em português. As referências são obrigatórias, no final do trabalho.

Em nossa obra *Texto acadêmico*: técnicas de redação e de pesquisa científica, cuja décima edição foi reimpressa agora, em 2021, pela Editora Vozes, há modelo não somente de artigo como também de outros trabalhos acadêmicos, igualmente contidos neste manual à exceção deste. A nova edição da obra citada já deverá estar atualizada, como ocorre aqui.

9.2.5 Ferramenta eletrônica útil para elaborar artigos científicos

O programa Mendeley permite encontrar, na internet, importantes artigos sobre o assunto que se está pesquisando. Esse é um *software* gratuito, desenvolvido pela Elsevier, que permite aos usuários gerenciar, compartilhar, ler, anotar e editar artigos científicos, inclusive no formato ABNT. Permite interagir com editores de texto como Microsoft Word, OpenOffice, LaTeX, permitindo a inserção de citações e referências no trabalho de forma automática.

9.3 Ensaio

Há diversos tipos de ensaio. O ensaio, por vezes, é confundido com o artigo por alguns acadêmicos. Neste capítulo, esclareceremos o que ele é, além de expor seus tipos mais comuns e a estrutura de cada um.

9.3.1 O que é ensaio

Ensaio literário é uma composição em prosa livre que trata sobre tema específico, sem o esgotar, no qual se reúnem pequenas dissertações com abordagens parciais. A exposição deve ser bem desenvolvida, clara e apresentar uma conclusão. Em sua elaboração, deve haver coesão e lógica entre as ideias apresentadas em sua introdução, corpo do trabalho e conclusão que atenda as expectativas do leitor. Dentre as principais características do ensaio encontram-se a inclusão de juízo de valor do autor e tese pessoal não definitiva sobre o tema abordado.

Também seus elementos básicos devem ser redigidos de acordo com as normas técnicas conhecidas. Em geral, contém os mesmos elementos básicos à formatação do trabalho propostos para a monografia, excluídas as informações referentes à folha de rosto e à separação dos títulos das seções em nova folha.

9.3.2 Tipos mais comuns de ensaio

O ensaio pode ser formal ou informal. O formal apresenta características do texto acadêmico, como a coerência e a objetividade, a problematização e o propósito de informar sobre os resultados de uma pesquisa. No informal, predominam-se os aspectos emotivo e criativo. Características de ambos os tipos de ensaio são a originalidade e o uso da primeira pessoa.

9.3.3 Estrutura simplificada de ensaio

Abaixo, segue um modelo de ensaio acadêmico simplificado, elaborado na época em que fui docente no Centro Universitário de Brasília (UniCEUB):

Exemplo de ensaio

AMPARO SOCIAL E EXCELÊNCIA DO ENSINO COMO DIFERENCIAL NA EDUCAÇÃO

Nosso objetivo é mostrar o quanto é importante investir na educação plena do nosso cidadão: a que une a teoria à prática, como base primordial à construção de um futuro promissor. No programa Fantástico da Rede Globo de Televisão, de 16 de outubro de 2005, o Ministro Palocci informou, em encontro internacional com representante chinês, que o investimento em educação, assim como vem ocorrendo na China, deve ser uma das prioridades permanentes em nosso país. Entretanto, consideramos oportuno divulgar o resultado de recentes pesquisas e atuações no campo social, para que se repense não apenas a questão educativa como também a da qualidade de vida oferecida ao nosso cidadão.

No CorreioWeb[1], lemos a informação de que, atualmente, os recursos da internet proporcionam aos alunos o contato com o mundo, em tempo real, possibilitando-lhes presenciar imagens magníficas de museus e a geografia de outras cidades. Tem-se acesso a belas obras literárias e à cultura de outros povos, distantes fisicamente, mas aproximados por essa extraordinária invenção: a rede mundial de comunicação eletrônica.

O acesso a esses meios de informação, entretanto, ainda é privilégio, no Brasil, das classes média e alta. Como exemplo, citamos o que ocorre nas escolas de Brasília em comparação com as doutras cidades do Distrito Federal. No Plano Piloto, centro da Capital, onde mora a classe de maior poder aquisitivo, 195 alunos disputam um computador; nas demais cidades do Distrito Federal, esse número sobe para 483.

As bibliotecas do Plano Piloto possuem quantidade de livros cinco vezes maior do que a dessas cidades. Além disso, as escolas do Plano desfrutam de mais pessoal, bem como de estrutura predial, serviços administrativos e equipamentos com melhor qualidade. Constata-se, pois, aqui mesmo, no Distrito Federal, uma flagrante desigualdade de tratamento à população local, verdadeiro apartheid social.

Cobra-se maior empenho dos professores, mas seu salário nas escolas públicas é irrisório. Lecionando no curso Professor Nota Dez, ministrado no Centro Universitário de Brasília (UniCEUB), para professores da Secretaria de Educação do Governo do Distrito Federal, não poucas vezes, emocionamo-nos com a abnegação e idealismo desses professores. Em sua maioria, são mulheres que se desdobram entre as atividades do lar e da escola. Convivem com a pobreza, cujas marcas se estampam na fisionomia de seus alunos, famintos de pão e de afeto, tanto quanto de uma educação de valor. E, sendo também pobres, muitas vezes, utilizam grande parte de seu minguado salário na aquisição de material didático e até no auxílio financeiro aos pequenos aprendizes.

Para se ter ideia das condições socioeconômicas das crianças que estudam em escolas públicas, no Distrito Federal, e de suas famílias, passaremos a narrar os acontecimentos da última visita de uma equipe de trabalho assistencial do qual fazemos parte há vários anos. Este será apenas um pequeno exemplo de uma triste realidade que presenciamos ao longo de mais de trinta anos, inclusive em outras cidades, como Rio de Janeiro, Salvador e Barreiras. Ater-nos-emos, principalmente, aos últimos eventos, ocorridos em cidade localizada próxima ao Lago Norte.

Há pouco tempo, em pequeno grupo, visitamos oito famílias, da cidade de Itapuã, no Distrito Federal, assistidas por uma organização não governamental à qual nos associamos, que auxilia economicamente a mais de trezentas famílias. Como ocorre com outros grupos de auxílio fraterno, procuramos observar também o progresso material que os assistidos vêm realizando. O objetivo é o de que, tão logo possam se autossustentar, outros lhes tomem o lugar na assistência social realizada por essa instituição, cujo nome preferimos omitir para não suscitarmos especulações.

Pois bem, na visita que fizemos a Itapuã, constatamos quanta indigência há aqui mesmo, no Distrito Federal. Quem duvi-

dar faça um passeio a uma dessas novas cidades, recentemente surgidas nas proximidades de Brasília, e constatará a existência de elevado número de pessoas muito pobres existentes ao lado da Capital. Pudemos, mais uma vez, portanto, constatar uma verdade presente nesse meio social: à exceção dos que a revolta e a índole perversa vêm levando à prisão, os demais (a grande maioria) lutam para encontrar uma luz no fim do túnel. O que fará a diferença será uma política séria e permanente do governo na garantia do amparo social e da excelência do ensino com valorização dos profissionais da pedagogia. Até que isso ocorra, muito se terá que lutar e...

9.4 Projeto de pesquisa

Por se tratar de uma norma que direciona a elaboração de projetos de pesquisa, a NBR 15287 abarca outras normas que são pertinentes para sua construção. Desta forma, apresenta outros documentos necessários para sua aplicação, tais como:

ABNT NBR 6023, *Informação e documentação – Referências – Elaboração*

ABNT NBR 6024, *Informação e documentação – Numeração progressiva das seções de um documento – Apresentação*

ABNT NBR 6027, *Informação e documentação – Sumário – Apresentação*

ABNT NBR 6034, *Informação e documentação – Índice – Apresentação*

ABNT NBR 10520, *Informação e documentação – Citações em documentos – Apresentação*

ABNT NBR 12225, *Informação e documentação – Lombada – Apresentação*

IBGE. *Normas de apresentação tabular*. 3. ed. Rio de Janeiro, 1993

Regulado pela ABNT 15287, o projeto de pesquisa, como ocorre com a estrutura de outros trabalhos acadêmicos, possui a seguinte estrutura: elementos pré-textuais, textuais e pós-textuais. Vejamos cada um desses a seguir.

9.4.1 *Elementos pré-textuais*

A folha de rosto, com nome(s) do(s) autor(es), título do projeto e subtítulo (se houver), numeração de volume especificada na folha de rosto (se houver mais de um), o tipo de projeto e nome da entidade que o receberá, nome do orientador, coordenador ou supervisor (quando for o caso), lugar de apresentação (cidade) e ano de depósito (entrega do projeto). Após a folha de rosto, incluir dados curriculares do(s) autor(es), caso sejam exigidos. São opcionais: lista de ilustrações, fluxogramas, fotografias, gráficos, mapas, quadros, organogramas etc.

Também são opcionais as listas de tabelas, de abreviaturas e siglas e de símbolos. O sumário, entretanto, é obrigatório.

9.4.2 *Elementos textuais*

Abrangem a introdução do texto, bem como: tema, problema de pesquisa, hipóteses, objetivos e justificativa, referencial teórico, metodologia, recursos e cronograma.

- Introdução: deve expor o assunto, o problema de pesquisa a ser abordado e os objetivo(s) a serem alcançados. Se houver, informar a(s) hipótese(s) sobre o tema. Informar também o referencial teórico, a metodologia a ser utilizada e cronograma da realização da pesquisa, além de recursos necessários, se for o caso.

• O formato é semelhante aos de outros trabalhos de pesquisa, acadêmicos, científicos e técnicos em geral; ou seja, digitação na cor preta, salvo ilustrações, que podem ser inseridas em outras cores, papel branco A4 e digitação no padrão atual de frente e verso. As margens do anverso são de 3 cm na parte superior e esquerda e de 2 cm na parte inferior e direita; no verso, direita e superior com 3 cm e esquerda e inferior com 2 cm.

• A fonte recomendada é 12, exceto em citações com mais de três linhas, notas de rodapé, legendas e fontes de ilustrações e tabelas, que devem ser menores e uniformes.

• O espaçamento entre linhas é de 1,5 cm, com exceção de citações de mais de três linhas, fontes de ilustrações, paginação, legendas, notas de rodapé e tabelas, que devem ter espaços simples. Isso também se aplica ao título do projeto de pesquisa, nome da entidade, além das referências finais, que devem ser separados por espaço simples.

• Folhas ou páginas pré-textuais são contadas, mas não numeradas e títulos sem indicativo numérico são centralizados. A numeração das folhas deve ser colocada no canto superior direito do anverso e no canto superior esquerdo do verso da folha.

• Trabalhos com mais de um volume têm sua enumeração sequenciada e, ainda que haja anexo(s) e/ou apêndice(s), suas folhas ou páginas seguem a sequência da numeração dos elementos textuais e pós-textuais.

- Quando houver nomes que contenham siglas, estas devem ficar entre parênteses na primeira citação, após o nome por extenso a que se referem. A partir da segunda citação, basta utilizar a sigla. Exemplo: Universidade Estadual da Bahia (UNEB).

9.4.3 Elementos pós-textuais

São eles: as referências, o glossário, quando se optar por inseri-lo, além do índice, dos anexos e dos apêndices (se existirem).

9.4.3.1 Referências

Elemento obrigatório. As referências devem ser elaboradas conforme disposto na NBR 6023 da ABNT.

9.4.3.2 Glossário

Elemento opcional que deve ser organizado em ordem alfabética. Contém os significados das palavras dentro do texto.

9.4.3.3 Anexo(s)

Texto(s) ou documento(s) não produzido(s) pelo autor, que pode(m) ser incluído(s) no projeto como forma de comprovação, ilustração ou fundamentação de proposta. Não são obrigatórios. Os títulos são centralizados e identificados com letras maiúsculas.

Exemplos

ANEXO A: Exame realizado no paciente

ANEXO B: Parecer do laboratório x

9.4.3.4 Apêndice(s)

Também não são obrigatórios. Quem o(s) elabora é o próprio autor do trabalho. Sua identificação é feita com título em caixa alta, travessão e destaque em caixa alta de todas as palavras como ocorre com o(s) anexo(s).

Exemplos

APÊNDICE A – pesquisa feita em três laboratórios

APÊNDICE B – porcentagem de infectados nos estados do BRASIL

9.4.3.5 Índice

Elemento opcional. A inclusão do índice é muito importante quando a obra é extensa, tendo em vista o grande número de assuntos diversos nela tratados. A norma que regula é a NBR 6034.

9.4.3.6 Regras gerais

Para seu desenvolvimento, o projeto de pesquisa é regido por regras estabelecidas na ABNT NBR 15287. Entre elas encontram-se:

• Formato: textos digitados ou datilografados na cor preta, com exceção das ilustrações. Cabe a utilização do papel branco ou reciclado no formato A4 caso haja impressão. Os elementos pré-textuais iniciam-se no anverso da folha; quanto aos elementos textuais e pós-textuais, recomenda-se a digitação/datilografia no anverso e verso das folhas. Para o anverso, as margens devem ser de 3 cm na esquerda e superior e de 2 cm na direita e inferior; no verso, as margens direita e superior devem ter 3 cm e esquerda e inferior, 2 cm.

- Fonte e tamanho das letras: recomenda-se, que quando digitado, a fonte seja de tamanho 12 para todo trabalho, isentando as citações de mais de três linhas, as notas de rodapé, paginação, bem como as legendas, fontes das ilustrações e tabelas; estas devem ser em tamanho menor e dispostas uniformemente.

- Espaçamento: texto deverá conter no seu corpo o espaçamento entre as linhas de 1,5 cm, com exceção das citações que ultrapassam as três linhas, das notas de rodapé, das referências, das legendas em geral, do tipo de projeto e da entidade; estes devem ter espaçamento simples. Ainda nesse contexto, as referências apresentadas ao final do trabalho devem ser separadas entre si por um espaço simples em branco.

- Alinhamento: na folha de rosto, o tipo de projeto de pesquisa, bem como o nome da entidade a que é submetido, devem estar alinhados no meio da mancha gráfica para a margem direita.

9.4.3.7 Notas de rodapé

Devem ficar dentro das margens separadas do texto com um espaço simples entre as linhas, sendo o filete de 5 cm a partir da margem esquerda. Devem ser alinhadas, a partir da segunda linha da mesma nota, abaixo da primeira letra da primeira palavra, destacando o expoente sem espaçamento entre elas e com a fonte reduzida.

9.4.3.8 Indicativos de seção

Número ou grupo numérico que antecede cada tópico do documento com alinhamento à esquerda, separado por um espaço de caractere. Por pertencer às seções primárias, os títulos devem iniciar em página ímpar (anverso), ficando na parte superior da mancha gráfica e sendo separado do texto com espaço de 1,5 entre as linhas. Já os títulos das subseções deverão ser separados do texto tanto o que precede quanto o que sucede também por um espaçamento de 1,5 entre as linhas. Cabe ressaltar aqui que os títulos que ultrapassam uma linha deverão manter alinhamento de acordo com a primeira letra da primeira palavra do título.

9.4.3.8.1 Títulos sem indicativo numérico

Fazem parte desse grupo de títulos: errata, lista de ilustrações, lista de abreviaturas e siglas, lista de símbolos, sumário, referências, glossário, apêndice(s), anexo(s) e índice(s), devendo ser centralizados.

9.4.3.8.2 Paginação

Apesar de todo texto ser contado, as folhas ou páginas pré-textuais não devem ser numeradas. Desta forma, nos trabalhos digitados ou datilografados, todas as folhas, a partir da folha de rosto, deverão ser sequencialmente contadas, considerando sempre o anverso.

A paginação deve ser marcada na parte superior da folha à direita, a partir da primeira folha do texto à 2 cm da borda superior. Já quando for no anverso e verso, a numeração das páginas deve ser colocada no anverso da folha, no canto superior direito; e no verso, no canto superior esquerdo.

No caso de o trabalho ser constituído de mais de um volume, deve ser mantida uma única sequência de numeração das folhas ou páginas, do primeiro ao último volume. Havendo apêndice e anexo, as suas folhas ou páginas devem ser numeradas de maneira contínua e sua paginação deve dar seguimento à do texto principal.

9.4.3.8.3 Numeração progressiva

Elaborada conforme a ABNT NBR 6024.

9.4.3.8.4 Citações

Alusão ou registro de uma informação e/ou argumento retirado de outra fonte. Apresentadas conforme a ABNT NBR 10520.

9.4.3.8.5 Siglas

A primeira vez que uma sigla for citada no texto é necessário apresentá-la entre parênteses, logo após o seu nome completo. Nas demais vezes, pode-se apresentar apenas a sigla.

9.4.3.8.6 Equações e fórmulas

As equações e fórmulas devem ser enfatizadas no texto para a facilitação da leitura. Caso seja preciso, realizar a numeração entre parênteses com alinhamento à direita. Pode-se utilizar uma entrelinha, no decorrer do texto, para comportar os seus elementos como índices, expoentes entre outros.

9.4.3.8.7 Ilustrações

Elemento opcional. Para todo e qualquer tipo de ilustração, sua identificação deve aparecer na parte superior com a palavra que a identifica. Na sequência, expõe-se seu número de ordem, o qual aparece no texto em algarismos arábicos, travessão e seu título. Depois da ilustração, deve-se apresentar a fonte pesquisada na parte inferior. Esta deve estar próxima do texto referido.

9.4.3.8.8 Tabelas

Devem ser padronizadas seguindo as normas estabelecidas pelo Instituto Brasileiro de Geografia e Estatística (IBGE). Também deverão ser expostas no texto, em proximidade com o trecho em que foi citada.

9.4.3.8.9 Referências

Ao final do projeto, deve-se inserir as referências, de acordo com o contido na norma técnica da ABNT que trata sobre este assunto: NBR 15287.

9.5 Ferramenta eletrônica útil na elaboração de pesquisas

Atualmente, há diversas ferramentas eletrônicas capazes de auxiliar na elaboração de trabalhos científicos, além de inserções de citações e referências no trabalho. Exemplo: *Zotero*.

Zotero é um *software* que facilita o desenvolvimento de trabalhos acadêmicos. Permite coletar, armazenar e organizar referências e introduzir citações e referências no trabalho, de forma automática, por meio dos editores de texto como *Microsoft Word, LibreOffice* etc.

Esse programa foi criado em 5 de outubro de 2006. Ele possibilita outras facilidades como importar o texto completo de algumas bases de dados como *EBSCO, IEEEXplore, Proquest, JSTOR*, anexar arquivos em PDF, imagens etc.; organizar e compartilhar referências em pastas, bem como criar grupo de discussão para trabalho em equipe.

REFERÊNCIAS

ACADEMIA BRASILEIRA DE LETRAS. *Vocabulário ortográfico da língua portuguesa.* 5. ed. São Paulo: Global, 2009.

AGUEDA, Orlando. Trad. e adapt. *Como preparar um relatório.* 5. ed. Rio de Janeiro: Bertrand Brasil, 1989. Manual preparado pelos técnicos do ITT Service Federal Electric Corporation, E.U.A.

ASSIS, Machado de. *Crônicas escolhidas.* Editor Fernando Paixão. São Paulo: Ática, 1994.

ASSOCIAÇÃO BRASILEIRA DE NORMAS TÉCNICAS. NBR 6022: informação e documentação: artigo em publicação periódica científica impressa: apresentação. Rio de Janeiro: 2018.

ASSOCIAÇÃO BRASILEIRA DE NORMAS TÉCNICAS. NBR 6023: informação e documentação: referência: elaboração. Rio de Janeiro, 2020.

ASSOCIAÇÃO BRASILEIRA DE NORMAS TÉCNICAS. NBR 6024: informação e documentação: numeração progressiva das seções de um documento escrito: apresentação. Rio de Janeiro: 2012.

ASSOCIAÇÃO BRASILEIRA DE NORMAS TÉCNICAS. NBR 6027: informação e documentação — sumário — apresentação, 2012.

ASSOCIAÇÃO BRASILEIRA DE NORMAS TÉCNICAS. NBR 6028: informação e documentação: resumo: apresentação. Rio de Janeiro, 2021.

ASSOCIAÇÃO BRASILEIRA DE NORMAS TÉCNICAS. NBR 6034: informação e documentação: índice: apresentação. Rio de Janeiro, 2004.

ASSOCIAÇÃO BRASILEIRA DE NORMAS TÉCNICAS. NBR 10520: informação e documentação: citação em documentos: apresentação. Rio de Janeiro, 2023.

ASSOCIAÇÃO BRASILEIRA DE NORMAS TÉCNICAS. NBR 10719: informação e documentação – relatório técnico e/ou científico – apresentação. Rio de Janeiro, 2015.

ASSOCIAÇÃO BRASILEIRA DE NORMAS TÉCNICAS. NBR 12225: informação e documentação: lombada: apresentação. Rio de Janeiro, 2004.

ASSOCIAÇÃO BRASILEIRA DE NORMAS TÉCNICAS. NBR 14724: informação e documentação: trabalhos acadêmicos: apresentação. Rio de Janeiro, 2011.

ASSOCIAÇÃO BRASILEIRA DE NORMAS TÉCNICAS. NBR 15287: informação e documentação: projeto de pesquisa: apresentação. Rio de Janeiro, 2011.

COSTA, Sérgio Roberto. *Dicionário de gêneros textuais*. Belo Horizonte: Autêntica, 2008.

ECO, Humberto. *Como se faz uma tese*. São Paulo: Perspectiva, 2003.

FAULSTICH, Enilde Leite de Jesus. *Como ler, entender e redigir um texto*. 14. ed. Petrópolis: Vozes, 2001.

MENDES, Gilmar Ferreira et al. *Manual de redação da Presidência da República*. 2. ed. rev. e atual. Brasília: Presidência da República, 2002.

MEDEIROS, João Bosco. *Redação científica*: a prática de fichamentos, resumos, resenhas. 5. ed. São Paulo: Atlas, 2003.

OLIVEIRA, Jorge Leite de. *Chamados de Assis*: espaços fantásticos do Rio mutante na obra machadiana. Curitiba: Instituto Memória. Centro de Estudos da Contemporaneidade, 2018.

OLIVEIRA, Jorge Leite de. *Crônicas dialéticas:* experiências espirituais cotidianas. São Paulo: Dialética, 2023.

OLIVEIRA, Jorge Leite de. *Texto acadêmico*: técnicas de redação e de pesquisa científica. 10. ed., 2. reimp. Petrópolis, RJ: Vozes, 2021.

RAPPAPORT, Clara Regina et al. *Psicologia do desenvolvimento*: teorias do desenvolvimento. São Paulo: EPU, 1981. v. 1.

RAPPAPORT, Clara Regina et al. *Psicologia do desenvolvimento:* a infância inicial: o bebê e sua mãe. São Paulo: EPV, 1981. v. 2.

SEVERINO, Antônio Joaquim. *Metodologia do trabalho científico*. 24. ed. rev. e atual. São Paulo: Cortez, 2016.

VINAS, Rey. *Atos administrativos*: como redigir ofícios, memorandos, e-mails e outras formas de correspondência oficial. Brasília, DF: Projecto Editorial, 2003.

ANOTAÇÕES

Conecte-se conosco:

facebook.com/editoravozes

@editoravozes

@editora_vozes

youtube.com/editoravozes

+55 24 2233-9033

www.vozes.com.br

Conheça nossas lojas:

www.livrariavozes.com.br

Belo Horizonte – Brasília – Campinas – Cuiabá – Curitiba
Fortaleza – Juiz de Fora – Petrópolis – Recife – São Paulo

EDITORA VOZES LTDA.
Rua Frei Luís, 100 – Centro – Cep 25689-900 – Petrópolis, RJ
Tel.: (24) 2233-9000 – E-mail: vendas@vozes.com.br